듣기, 읽기, 말하기, 쓰기 기초가 완성되는

맛있는 Everyday 초등 영문법

Basic 1

주선이 지음

맛있는 books

초판 1쇄 인쇄 2025년 5월 8일
초판 1쇄 발행 2025년 5월 20일

지은이 주선이
발행인 김효정
발행처 맛있는books
등록번호 제2006-000273호

주소 서울시 서초구 명달로 54 JRC빌딩 7층
전화 구입문의 02·567·3861
내용문의 02·567·3860
팩스 02·567·2471
홈페이지 www.booksJRC.com

ISBN 979-11-6148-137-1 64740
979-11-6148-095-4 (세트)
정가 15,500원

제 품 명 : 일반 어린이도서
제조자명 : JRC에듀
판매자명 : 맛있는books
제 조 국 : 대한민국
전화번호 : 02-567-3860
주 소 : 서울시 서초구 명달로 54 JRC빌딩 7층
제조년월 : 판권에 별도 표기
사용연령 : 8세 이상
KC마크는 이 제품이 공통안전기준에 적합하였음을 의미합니다.

초대장

개념을 생각하고 연결하고 적용하는 특별한 문법 사고력 훈련에 초대합니다.

슬기로운 단어 재료 사용법: 문법 레시피

문법 학습은 마치 요리를 배우는 과정과 닮았어요. 문장은 여러 단어 재료를 모아 자기 생각을 일품요리처럼 담아내는 작업입니다. 멋진 요리를 완성하기 위해서 좋은 재료뿐만 아니라 서로 다른 재료가 조화롭게 어울릴 수 있는 섬세한 레시피가 필요합니다. 문장에서 명사와 관사를 결합하거나, 주어와 동사를 자연스럽게 연결하는 과정은 요리에서 다양한 재료를 배합하는 것과 같아요. 이렇게 단어라는 재료들을 조합하고 어우러지게 만드는 문법이라는 레시피를 통해 비로소 완성도 있는 문장을 읽고, 듣고, 말하고 쓸 수 있어요.

문법 개념과 연결하는 구문 학습

Everyday 초등 영문법 Starter에서는 익숙한 단어 중심으로 문법 개념을 배웠어요. Basic 단계에서는 구와 문장 단위로 학습을 확장하여 접근합니다. 영어는 문장을 만들기 위해 단어를 배열하는 방식이 우리말과 완전히 다릅니다. 이를 위해 문장 구조의 원리, 즉 구문을 배워야 하는데, 이는 꾸준한 반복과 시간이 필요한 과정이에요. 단편적으로 배운 문법 지식을 문장 속에서 직접 적용해 보며 영어 문장 구조를 자연스럽게 체득할 수 있어요.

문법 사고력 훈련

문법 사고력은 문법 지식을 효과적으로 활용하는 중요한 열쇠입니다. 문법 학습을 통해 머릿속에 형성된 문법 저장소를 장기적으로 기억하고 즉각적으로 활용하려면, 이 저장소를 뇌 속에 탄탄히 자리 잡게 해야 합니다. 장기 기억으로의 전환은 스스로 성찰하는 과정을 통해서만 가능하며, 다양한 학습 자극과 깊은 사고의 경험을 기반으로 합니다.

이 책은 문법 사고력을 체계적으로 훈련하기 위해 다음과 같은 구성으로 설계되었어요.
먼저, 문법 용어에 담긴 개념을 생각해 내고(think), 단어와 개념, 개념과 개념을 서로 연결하고(connect), 문장에 적용하는(apply) 반복적인 학습 경험을 통해 문법의 기초 근육을 키웁니다. 이 과정을 지원하기 위해 저자 직강에서 명쾌한 설명과 학습 가이드를 제공합니다. 더 나아가, 학습자가 배운 내용을 스스로 요약해 보도록 유도하여 문법 사고력을 강화하도록 하였어요. 이 방식은 문법 학습의 깊이를 더하고, 문법 지식을 실질적으로 활용할 수 있도록 돕는 데 초점이 맞춰져 있습니다.

이 책이 세상에 나올 수 있도록 예리한 열정과 흔들림 없는 중심으로 기획과 편집을 맡아준 김미경 님에게 깊은 감사의 마음을 전합니다. 또한, 언제나 든든한 지원자로 함께 해준 소중한 가족에게도 사랑과 감사를 전합니다.

저자 **주선이**

이 책의 구성 및 활용법

이 책의 구성과 특징에 맞추어 순서대로 공부해 보세요.

QR코드를 스캔해
음원을 들어요.

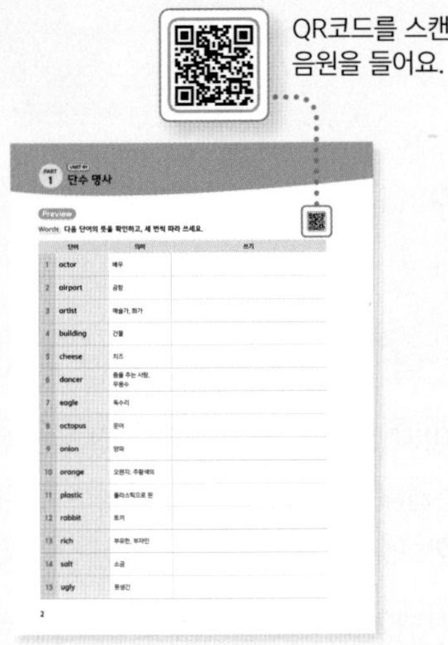

1 WORKBOOK Word Study 단어 재료 준비하기

스스로 학습 본격적인 학습 전에 각 Unit 단어의 의미와 철자 등을 듣고 쓰면서 익혀요.

QR코드를 스캔해
저자 강의를 들어요.

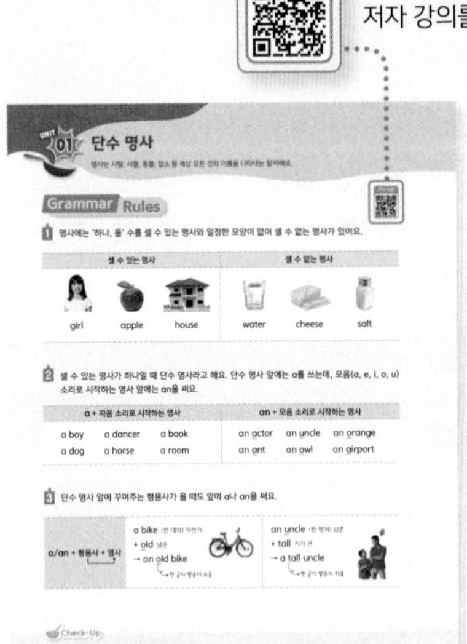

2 Grammar Rules 문법 레시피 배우기

스스로 학습 저자 직강 QR코드를 스캔해 각 유닛의 문법 개념과 재료가 되는 단어를 연결하는 법을 배워요.

완전 학습 주요한 문법 규칙을 노트에 자신의 말로 정리하고 예시의 문법 표현을 여러 번 반복해서 읽고 쓰며 익혀요.

3 Grammar Practice 문법 규칙 연습하기

스스로 학습 구와 문장에 핵심 문법 규칙을 적용해 보고, 다양한 유형의 문제를 풀며 규칙을 적용해 보아요.

확인 학습 정답을 확인한 후 틀린 문제는 규칙과 함께 오답 노트에 다시 써 보아요.

완전 학습 Self-Check으로 배운 문법 규칙을 요약정리하고 자신의 말로 설명해 보아요.

Grammar in Sentences 문장 구조를 통해 익히기

Written Grammar 문장 성분별로 구분된 문장에서 문법 규칙을 적용하여 완전한 문장을 써보고, 영어 문장 구조에 익숙해져요.

Spoken Grammar QR코드를 스캔해 문장을 듣고 발음과 억양에 주의해서 따라 읽어요.

완전 학습 온라인으로 제공되는 받아쓰기 및 영작 테스트를 하며 문장을 스스로 써봐요.

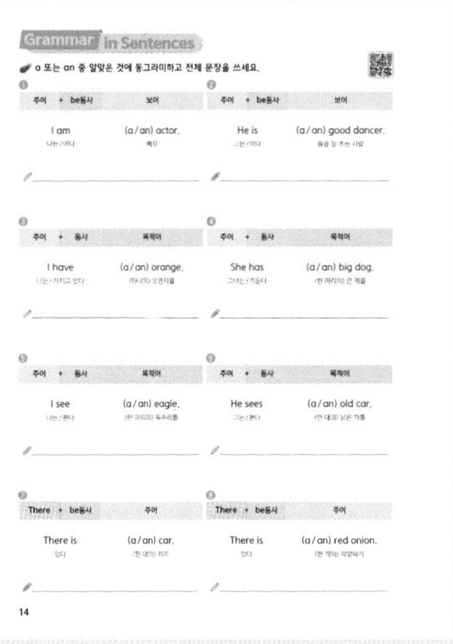

Grammar in Sentences

a 또는 an 중 알맞은 것에 동그라미하고 전체 문장을 쓰세요.

1 I am (a / an) actor.
2 He is (a / an) good dancer.
3 I have (a / an) orange.
4 She has (a / an) big dog.
5 I see (a / an) eagle.
6 He sees (a / an) old car.
7 There is (a / an) car.
8 There is (a / an) red onion.

14

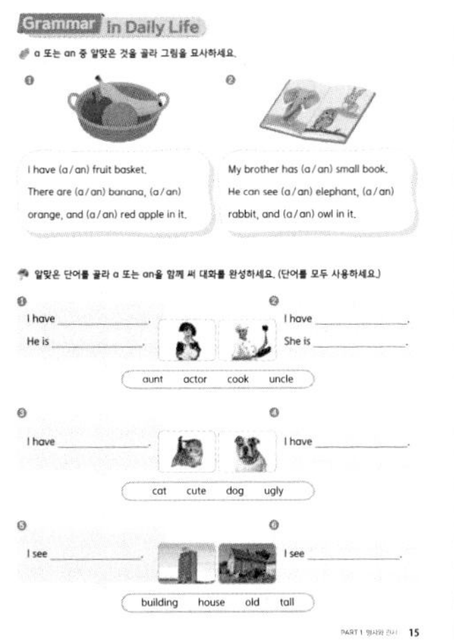

Grammar in Daily Life

a 또는 an 중 알맞은 것을 골라 그림을 묘사하세요.

1 I have (a / an) fruit basket. There are (a / an) banana, (a / an) orange, and (a / an) red apple in it.
2 My brother has (a / an) small book. He can see (a / an) elephant, (a / an) rabbit, and (a / an) owl in it.

15

Grammar in Daily Life 실용 문장에 문법 적용하기

Written Grammar 일상을 주제로 한 문장이나 대화를 완성하며 배운 문법 규칙을 실생활에 적용해 봐요.

Spoken Grammar 완성된 문장을 크게 소리 내어 읽거나 상대방과 대화를 나눠요.

Actual Test 실전 문제 풀어보기

확인 학습 각 파트에서 배운 내용들을 통합하여 내신에 자주 출제되는 유형의 객관식, 주관식, 서술형 문제를 풀며 내신 대비뿐만 아니라 자신의 학습 정도를 평가해 보아요.

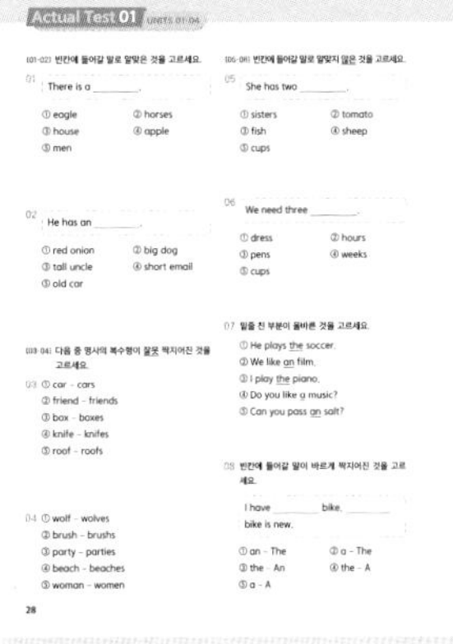

Actual Test 01

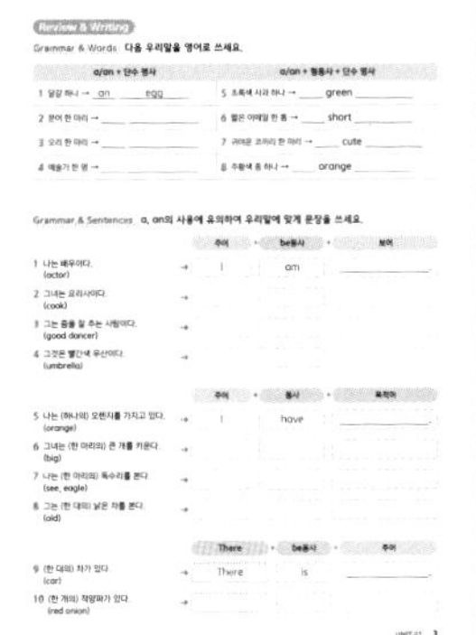

Review & Writing

WORKBOOK Review & Writing 복습 및 문장 쓰기

Written Grammar 본 학습을 마친 후 문장 쓰기 노트에서 문법 규칙을 복습하고 문장 성분에 맞춰 영작 연습을 해요.

맛있는북스 홈페이지에 로그인한 후 다양한 자료를 다운받을 수 있어요.

무료 부가 서비스

① MP3 파일
② 단어 테스트 및 받아쓰기
③ 영작 테스트

Contents 차례

* 학습 계획표를 세우고 학습한 날에 ☑ 표시를 하세요.

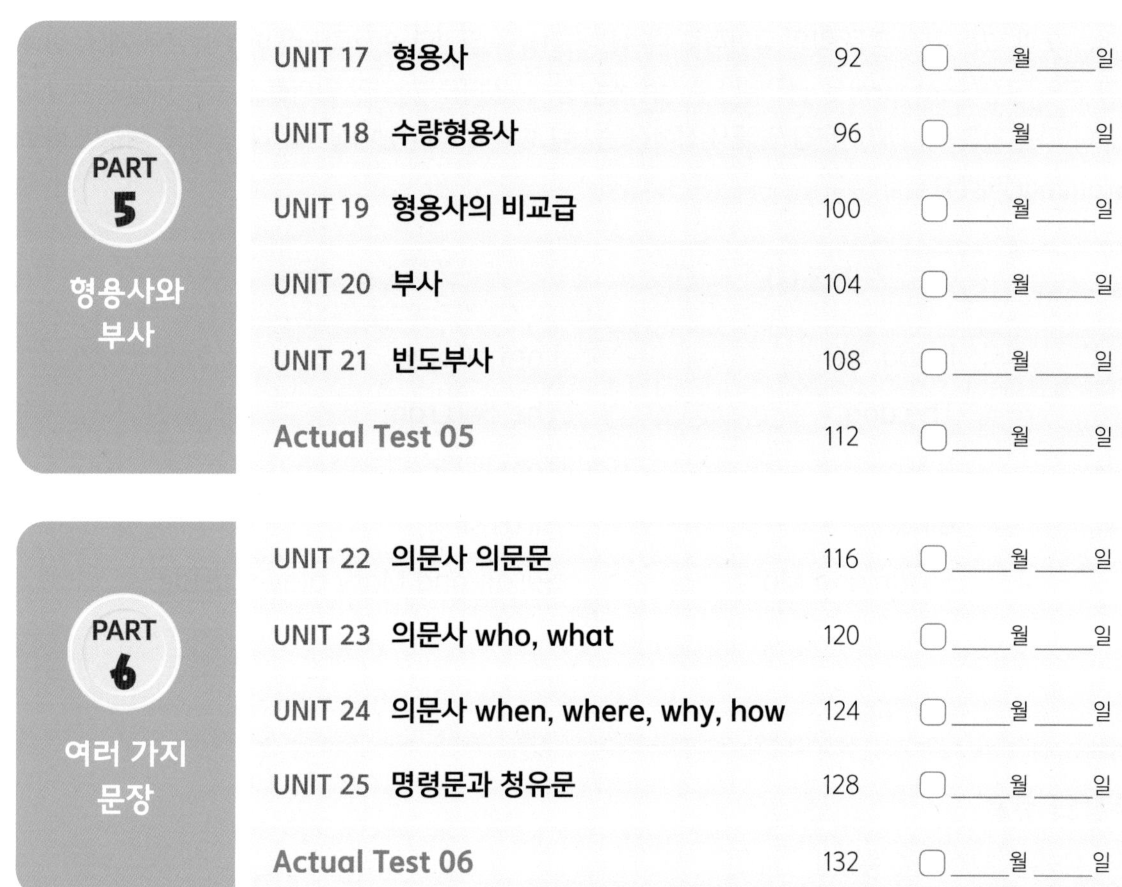

문법 기본 개념 1

단어와 문장

단어는 뜻이 있는 가장 작은 말의 덩어리로 이러한 단어들을 일정한 순서로 나열하면 문장이 돼요. 이렇게 단어가 모인 문장(Sentence)은 생각이나 감정을 전달할 수 있어요. 하지만 단어를 단순히 나열만 한다고 모두 문장이 되는 것은 아니에요. 문장 안에서 정해진 순서나 방식에 따라 단어를 배열해야 해요. 이것이 바로 문법(Grammar)이에요.

문장 (X)	문장 (O)
I, you, we	I am happy.
The dog.	The dog ran.
Is kind.	Tom is kind.
Birds.	Birds sing.
Susan and Mary	Susan and Mary play outside.

문장의 종류

영어 문장은 크게 4가지 종류가 있어요.

❶ 평서문

자기의 생각을 평범하게 말하는 문장으로 평서문 끝에는 마침표(.)를 써요. 평서문에는 긍정의 의미를 나타내는 긍정문과 부정의 의미를 나타내는 부정문이 있어요.

(긍정문) I have a book. 나는 책이 있다. (부정문) I don't have a book. 나는 책이 없다.

❷ 의문문

물어보는 문장으로 의문문 끝에는 물음표(?)를 써요.

Is this yours? 이것은 네 것이니? When do you get up? 너는 언제 일어나니?

❸ 명령문

상대방에게 어떤 것을 지시하거나 명령하는 문장으로 명령문 끝에는 마침표(.)나 느낌표(!)를 써요.

Don't be late. 늦지 마. Be careful! 조심해!

❹ 감탄문

자신의 감정이나 느낌을 표현하는 문장으로 감탄문 끝에는 느낌표(!)를 써요.

What a sunny day! 정말 화창한 날이구나!

문장의 기본 요소, 문장 성분

문장은 주어, 동사, 목적어, 보어, 수식어의 5가지 요소로 구성되며 이를 문장 성분이라고 해요.

주어	동작이나 상태의 주체가 되는 말로 문장의 맨 앞에 와서 '~은, ~는, ~이, ~가'로 해석돼요.
동사	주어의 동작이나 상태를 나타내는 말로 '~하다/이다'로 해석돼요.
목적어	동사의 행위에 대한 대상이 되는 말로 나타내는 말로 '~을, ~를, ~에게'로 해석돼요.
보어	주어나 목적어를 보충 설명해 주는 말이에요.
수식어	다른 문장 요소를 꾸며주는 역할을 하는 말로 생략할 수 있어요.

영어 문장의 어순

문장은 주어, 동사, 목적어, 보어, 수식어의 5개 문장 성분으로 이루어져 있어요. 단어를 어떤 순서로 배열하는지를 알아야 올바른 문장을 만들 수 있어요. 영어 문장은 우리말 어순과 다르게 주어 다음에 바로 동사가 오고, 그 뒤에 목적어나 보어, 수식어가 와요.

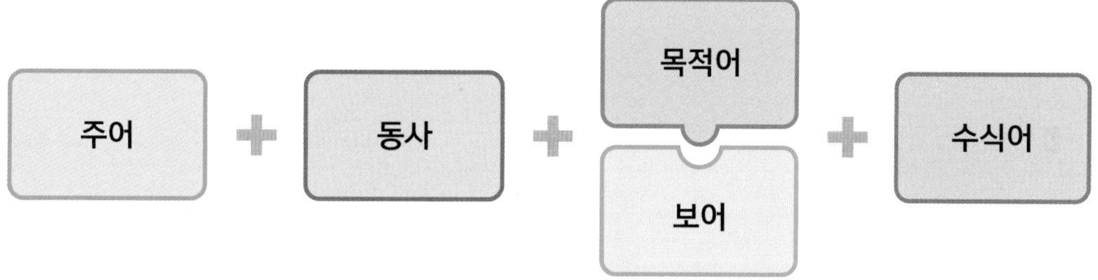

영어 문장을 쓰는 Tip

① 문장의 첫 글자는 항상 대문자(Capital letter)로 시작해요.

- He sees an old car.
- My feet are wet.

② 문장 종류에 따라 문장 끝에는 마침표(.), 물음표(?), 느낌표(!) 중 하나를 써요.

- We meet some children.
- Where are my keys?
- Look over there!

명사와 관사

학습 Key Point 미리보기

UNIT 01 **단수 명사**
셀 수 있는 명사가 하나인 단수 명사 앞에는 a나 an을 써요.

UNIT 02 **복수 명사 1**
셀 수 있는 명사가 둘 이상인 복수 명사 뒤에는 -(e)s가 붙어요.

UNIT 03 **복수 명사 2**
명사의 복수형이 단수와 모양이 같거나 불규칙하게 변하는 명사도 있어요.

UNIT 04 **관사 a, an, the**
특정하지 않은 단수 명사 앞에는 a/an을, 특정한 명사 앞에는 the를 써요.

단수 명사

명사는 사람, 사물, 동물, 장소 등 세상 모든 것의 이름을 나타내는 말이에요.

Grammar Rules

1 명사에는 '하나, 둘' 수를 셀 수 있는 명사와 일정한 모양이 없어 셀 수 없는 명사가 있어요.

셀 수 있는 명사			셀 수 없는 명사		
girl	apple	house	water	cheese	salt

2 셀 수 있는 명사가 하나일 때 단수 명사라고 해요. 단수 명사 앞에는 a를 쓰는데, 모음(a, e, i, o, u) 소리로 시작하는 명사 앞에는 an을 써요.

a + 자음 소리로 시작하는 명사			an + 모음 소리로 시작하는 명사		
a boy	a dancer	a book	an actor	an uncle	an orange
a dog	a horse	a room	an ant	an owl	an airport

3 단수 명사 앞에 꾸며주는 형용사가 올 때도 앞에 a나 an을 써요.

a/an + 형용사 + 명사	a bike (한 대의) 자전거 + old 낡은 → an old bike 첫 글자 발음이 모음	an uncle (한 명의) 삼촌 + tall 키가 큰 → a tall uncle 첫 글자 발음이 자음

① (a/an) book
② (a/an) apple
③ (a/an) owl
④ (a/an) red apple
⑤ (a/an) cute owl
⑥ (a/an) ugly face

Grammar Practice

빈칸에 a 또는 an 중 알맞은 것을 쓰세요.

❶ ______ egg 달걀	❷ ______ actor 배우	❸ ______ duck 오리
❹ ______ apple 사과 + green 초록색의 → ______ green apple	❺ ______ octopus 문어 + smart 영리한 → ______ smart octopus	❻ ______ umbrella 우산 + red 빨간색의 → ______ red umbrella
❼ ______ igloo 이글루 + plastic 플라스틱의 → ______ plastic igloo	❽ ______ email 이메일 + short 짧은 → ______ short email	❾ ______ elephant 코끼리 + cute 귀여운 → ______ cute elephant
❿ ______ bell 종 + orange 주황색의 → ______ orange bell	⓫ ______ artist 예술가 + rich 부유한 → ______ rich artist	⓬ ______ man 남자 + old 나이 많은 → ______ old man

⓭ There is ______ bike. (한 대의) 자전거가 있다.

⓮ I see ______ big owl. (한 마리의) 큰 올빼미가 보인다.

⓯ She has ______ orange umbrella. 그녀는 (하나의) 주황색 우산을 가지고 있다.

Self-Check 단수 명사

❶ ______ + 자음 소리로 시작하는 단수 명사 ❷ ______ + 모음 소리로 시작하는 단수 명사	**a** boy, **a** house **an** apple, **an** actor
a + 형용사 + ❸ (단수 / 복수) 명사 an + ❹ (자음 / 모음) 소리로 시작하는 형용사 + 단수 명사	**a** tall uncle **an** old bike

정답 ❶ a ❷ an ❸ 단수 ❹ 모음

a 또는 an 중 알맞은 것에 동그라미하고 전체 문장을 쓰세요.

❶

주어 + be동사	보어
I am	(a / an) actor.
나는 / 이다	배우

____

❷

주어 + be동사	보어
He is	(a / an) good dancer.
그는 / 이다	춤을 잘 추는 사람

____

❸

주어 + 동사	목적어
I have	(a / an) orange.
나는 / 가지고 있다	(하나의) 오렌지를

____

❹

주어 + 동사	목적어
She has	(a / an) big dog.
그녀는 / 키운다	(한 마리의) 큰 개를

____

❺

주어 + 동사	목적어
I see	(a / an) eagle.
나는 / 본다	(한 마리의) 독수리를

____

❻

주어 + 동사	목적어
He sees	(a / an) old car.
그는 / 본다	(한 대의) 낡은 차를

____

❼

There + be동사	주어
There is	(a / an) car.
있다	(한 대의) 차가

____

❽

There + be동사	주어
There is	(a / an) red onion.
있다	(한 개의) 적양파가

____

Grammar in Daily Life

a 또는 an 중 알맞은 것을 골라 그림을 묘사하세요.

❶

I have (a / an) fruit basket.

There are (a / an) banana, (a / an) orange, and (a / an) red apple in it.

❷

My brother has (a / an) small book.

He can see (a / an) elephant, (a / an) rabbit, and (a / an) owl in it.

알맞은 단어를 골라 a 또는 an을 함께 써 대화를 완성하세요. (단어를 모두 사용하세요.)

❶ I have ________________.
He is ________________.

❷ I have ________________.
She is ________________.

aunt　actor　cook　uncle

❸ I have ________________.

❹ I have ________________.

cat　cute　dog　ugly

❺ I see ________________.

❻ I see ________________.

building　house　old　tall

UNIT 02

복수 명사 1

셀 수 있는 명사가 둘 이상일 때 복수라고 하는데 둘 이상임을 나타내려면 복수형으로 써야 해요.

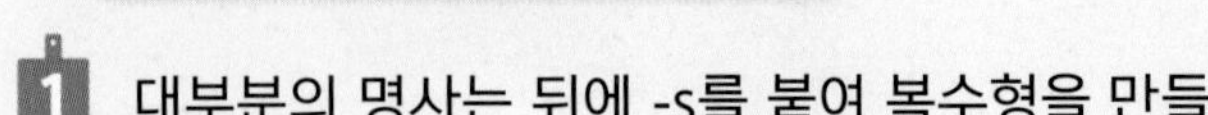

1 대부분의 명사는 뒤에 -s를 붙여 복수형을 만들어요.

대부분의 명사	+ -s	flower 꽃 → flowers	week 주 → weeks
		apple 사과 → apples	hour 시간 → hours

TIP 복수형을 만들 때 붙이는 -s는 /f/, /p/, /k/, /t/ 뒤에서는 /s/로, 나머지는 /z/로 발음해요.

2 -o, -s, -x, -ch, -sh로 끝나는 명사는 뒤에 -es를 붙여 복수형을 만들어요.

-o, -s, -x, -ch, -sh로 끝나는 명사	+ -es	potato 감자 → potatoes	tomato 토마토 → tomatoes
		bus 버스 → buses	dress 드레스 → dresses
		box 상자 → boxes	tax 세금 → taxes
		bench 벤치 → benches	peach 복숭아 → peaches
		dish 접시 → dishes	brush 솔, 붓 → brushes

TIP 복수형을 만들 때 붙이는 -es는 /s/, /ʃ/, /tʃ/ 뒤에서는 /iz/로, 나머지는 /z/로 발음해요.

Grammar+

❶ -o로 끝나지만 -s만 붙이는 명사가 있어요.

piano 피아노 → pianos   photo 사진 → photos   zoo 동물원 → zoos

❷ 두 개가 한 쌍을 이루는 명사는 항상 복수형으로 써요.

scissors 가위   pants 바지   jeans 청바지   shorts 짧은 바지

socks 양말   shoes 신발   glasses 안경   gloves 장갑

① two (egg / eggs)   ② two (foxs / foxes)   ③ some (watch / watches)

④ some (dishs / dishes)   ⑤ many (pianos / pianoes)   ⑥ many (church / churches)

Grammar Practice

밑줄 친 단어를 복수형으로 고쳐 쓰세요.

❶ the two tree → trees	❷ for two hour → ______	❸ ten new pen → ______
❹ some orange → ______	❺ how many chair → ______	❻ some smart girl → ______
❼ cut two tomato → ______	❽ how many bus → ______	❾ some red fox → ______
❿ buy some brush → ______	⓫ at some beach → ______	⓬ my two red dress → ______

⓭ We need three week. 우리는 3주가 필요하다.

→ ______

⓮ Let's take some photo together. 같이 사진을 몇 장 찍자.

→ ______

⓯ There are some sandwich in the basket. 바구니에 샌드위치가 몇 개 있다.

→ ______

Self-Check 복수 명사 1

대부분의 명사 + ❶ -______	apples, flowers, hours
-o, -s, -x, -ch, -sh로 끝나는 명사 + ❷ -______	tomatoes, dresses, boxes, peaches, brushes

정답 ❶ s ❷ es

Grammar in Sentences

주어진 단어를 복수형으로 바꾼 후 전체 문장을 쓰세요.

❶

주어	be동사 + 보어
The ___________	are beautiful.
그 해변들은 (beach)	(이)다/아름다운

✎ ______________________________

❷

주어	be동사 + 보어
The ___________	are mine.
그 시계들은 (watch)	이다/나의 것

✎ ______________________________

❸

주어 + 동사	목적어
I buy	small ___________.
나는/산다	작은 접시들을 (dish)

✎ ______________________________

❹

주어 + 동사	목적어
She buys	wooden ___________.
그녀는/산다	나무 숟가락들을 (spoon)

✎ ______________________________

❺

주어 + 동사	목적어
We use	some ___________.
우리는/사용한다	잔 몇 개를 (glass)

✎ ______________________________

❻

주어 + 동사	목적어
He sees	many ___________.
그는/본다	많은 컵을 (cup)

✎ ______________________________

❼

There + be동사	주어
There are	some ___________.
있다	몇 명의 친구들이 (friend)

✎ ______________________________

❽

There + be동사	주어
There are	many ___________.
있다	많은 상자가 (box)

✎ ______________________________

Grammar in Daily Life

밑줄 친 부분을 바르게 고쳐 글을 완성하세요.

This is my school bag. I have a ❶ <u>books</u> and two ❷ <u>notebook</u>. I also have ❸ <u>scissor</u> in my bag. There are three ❹ <u>penciles</u>, an eraser, and two ❺ <u>ruler</u> in my pencil case.

❶ ________ ❷ ________ ❸ ________ ❹ ________ ❺ ________

사진을 보고 알맞은 단어를 골라 복수형으로 바꿔 대화를 완성하세요.

potato　tomato　peach　orange　hamburger　sandwich

❶ Do you like ________________?

❷ Yes, I do. But I don't like ________________.

❸ Do you eat ________________?

❹ Sure, I do. But I don't eat ________________.

❺ Would you like some ________________?

❻ No, thanks. I'll have some more ________________.

UNIT 03

복수 명사 2

명사의 복수형을 만드는 방법은 명사에 따라 조금씩 달라요.

저자 직강

Grammar Rules

1 '자음 + y'로 끝나는 명사는 y를 i로 고치고 -es를 붙여 복수형을 만들어요.

'자음 + y'로 끝나는 명사	y → i + -es	baby 아기 → babies lady 숙녀 → ladies	city 도시 → cities party 파티 → parties

TIP '모음 + y'로 끝나는 명사는 뒤에 -s만 붙여 복수형을 만들어요.
day 낮, 날 → days   boy 소년 → boys

2 -f나 -fe로 끝나는 명사는 f, fe를 v로 고치고 -es를 붙여 복수형을 만들어요.

-f, -fe로 끝나는 명사	f, fe → v + -es	leaf (나뭇)잎 → leaves wife 아내 → wives	wolf 늑대 → wolves knife 칼 → knives

3 단수와 복수의 모양이 같거나 불규칙하게 변하는 명사도 있어요.

단수와 복수의 모양이 같은 명사	fish 생선 → fish	deer 사슴 → deer	sheep 양 → sheep
불규칙하게 변하는 명사	man 남자, 사람 → men goose 거위 → geese child 아이 → children	woman 여자 → women tooth 이 → teeth person 사람 → people	foot 발 → feet mouse 쥐 → mice

Check-Up

① two (fishs / fish)   ② two (cities / citys)   ③ two (footes / feet)
④ some (leafs / leaves)   ⑤ some (wolfs / wolves)   ⑥ some (gooses / geese)

Grammar Practice

밑줄 친 단어를 복수형으로 고쳐 쓰세요.

❶ the three man → ________	❷ some party → ________	❸ these two baby → ________
❹ many day → ________	❺ lady and gentlemen → ________	❻ some big city → ________
❼ how many wolf → ________	❽ catch many fish → ________	❾ meet some person → ________
❿ these black sheep → ________	⓫ find two knife → ________	⓬ my wet foot → ________

⓭ She has two child. 그녀는 2명의 자녀가 있다.

→ ________

⓮ Brush your tooth and wash your hands. 이를 닦고 손을 씻어라.

→ ________

⓯ I'm afraid of mouse. 나는 쥐를 무서워한다.

→ ________

Self-Check 복수 명사 2

'자음 + ❶ ______'로 끝나는 명사	y → ❷ ______ + -es	babies, cities
-f, -fe로 끝나는 명사	f, fe → ❸ ______ + -es	leaves, wives
단수와 복수의 모양이 같은 명사		fish, deer, sheep
불규칙하게 변하는 명사		feet, teeth, children

정답 ❶ y ❷ i ❸ v

Grammar in Sentences

주어진 단어를 복수형으로 바꾼 후 전체 문장을 쓰세요.

❶

주어	be동사 + 보어
The ___________	are cute.
그 아기들은 (baby)	(이)다 / 귀여운

✎ ______________________________

❷

주어	be동사 + 보어
The ___________	are brave.
그 여자들은 (woman)	(이)다 / 용감한

✎ ______________________________

❸

주어	be동사 + 보어
My ___________	are wet.
나의 발들은 (foot)	(이)다 / 젖은

✎ ______________________________

❹

주어	be동사 + 보어
The ___________	are big.
그 도시들은 (city)	(이)다 / 큰

✎ ______________________________

❺

주어 + 동사	목적어
We meet	some ___________.
우리는 / 만난다	몇몇 아이들을 (child)

✎ ______________________________

❻

주어 + 동사	목적어
He meets	many ___________.
그는 / 만난다	많은 사람을 (person)

✎ ______________________________

❼

Where + be동사	주어
Where are	my ___________?
어디에 / 있니?	내 열쇠들은 (key)

✎ ______________________________

❽

Where + be동사	주어
Where are	the ___________?
어디에 / 있니?	그 거위들은 (goose)

✎ ______________________________

Grammar in Daily Life

밑줄 친 부분을 바르게 고쳐 글을 완성하세요.

On a farm, we can see some animals. Some ❶ sheeps are eating grass. Rabbits have four ❷ foot and run fast. There are some ❸ fishes in the pond. We can also see a cat with sharp ❹ tooth.

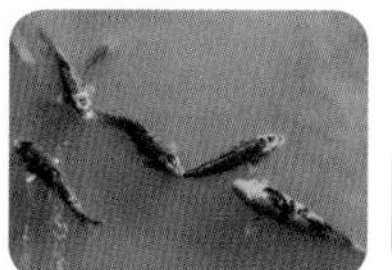

❶ ____________ ❷ ____________ ❸ ____________ ❹ ____________

사진을 보고 알맞은 단어를 골라 복수형으로 바꿔 대화를 완성하세요.

deer foot goose leaf person wolf

❶ Look at those ____________.

❷ Look over there! There are two ____________.

❸ Let's go and see. There are many ____________.

❹ Yeah, look at those ____________.

❺ Oops! My ____________ are wet.

❻ The ____________ turned red and yellow.

관사 a, an, the

관사란 명사 앞에 쓰는 말로 부정(不定)관사 a/an과 정관사 the가 있어요.

Grammar Rules

1 a/an은 '하나의'라는 의미로 특정하지 않은 단수 명사 앞에 쓰고, the는 '그'라는 의미로 특정한 명사를 말할 때 써요.

a/an + 특정하지 않은 단수 명사		I have **a** dog. 나는 개가 있다. (특정하지 않은 개 한 마리)
the + 특정한 명사	앞서 말한 것을 다시 말할 때	I have a dog. **The** dog is cute. 그 개는 귀엽다. (앞에서 말한 개)
	서로 알고 있을 때	Look at **the** birds. 그 새들을 보아라. (서로 함께 보며 알고 있는 새들)

TIP the는 복수 명사나 셀 수 없는 명사 앞에도 쓸 수 있어요. **The** girls are my sisters. **The** milk is fresh.

2 the는 세상에 단 하나뿐인 것이나 play 뒤에 오는 악기 이름 앞에 써요.

세상에 단 하나뿐인 것	**the** sun 해	**the** moon 달	**the** sky 하늘
	the world 세계	**the** Earth 지구	**the** sea 바다
play 뒤 악기 이름	play **the** piano 피아노를 연주하다		
	play **the** violin 바이올린을 연주하다		

3 a/an 또는 the와 같은 관사를 어느 것도 쓰지 않는 경우가 있어요.

식사 이름 앞	breakfast 아침	lunch 점심	dinner 저녁
운동 이름 앞	baseball 야구	soccer 축구	tennis 테니스
과목 이름 앞	math 수학	science 과학	history 역사

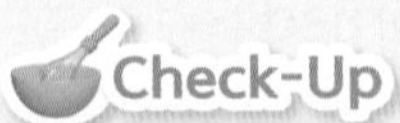

① (the / X) lunch
② play (the / X) cello
③ study (the / X) history
④ in (the / X) sky
⑤ under (the / X) sun
⑥ play (the / X) basketball

Grammar Practice

a, an 또는 the 중 알맞은 것을 고르고, 필요 없으면 X를 고르세요.

❶ in (a / the / X) world	❷ on (a / the / X) moon
❸ in (a / the / X) sky	❹ save (an / the / X) Earth
❺ under (a / the / X) sea	❻ (a / the / X) sun sets
❼ study (an / the / X) art	❽ like (a / the / X) science
❾ eat (a / the / X) breakfast	❿ have (a / the / X) dinner
⓫ after (a / the / X) lunch	⓬ play (a / the / X) cello
⓭ play (a / the / X) basketball	⓮ play (a / the / X) piano

⓯ A: It's cold. 날씨가 추워.

B: Close (a / the / X) door. (우리 서로 알고 있는) 문을 닫아.

⓰ I see a man and (a / the / X) woman. 한 남자와 한 여자가 보인다.

(A / The / X) man is about 30 years old. (앞에서 말한) 그 남자는 30세 정도이다.

Self-Check 관사 a, an, the

a/an + 특정하지 않은 ❶ ________ 명사	She has **a** book. I have **an** apple.
❷ ______ + 특정한 명사	**The** birds are eagles. Close **the** window.
❸ ______ + 세상에 단 하나뿐인 것 play ❹ ______ + 악기 이름	**the** sun, **the** world play **the** piano, play **the** violin

정답 ❶ 단수 ❷ the ❸ the ❹ the

Grammar in Sentences

괄호 안에서 알맞은 것에 동그라미하고 전체 문장을 쓰세요.

❶

주어	be동사 + 보어
(A / The / X) world	is wide.
세상은	(이)다 / 넓은

✏ ____________________

❷

주어	be동사 + 보어
(A / The / X) moon	is bright.
달이	(이)다 / 밝은

✏ ____________________

❸

주어 + 동사	목적어
They play	(a / the / X) drums.
그들은 / 연주한다	드럼을

✏ ____________________

❹

주어 + 동사	목적어
He plays	(a / the / X) soccer.
그는 / 한다	축구를

✏ ____________________

❺

주어 + 동사	목적어
We like	(a / the / X) film.
우리는 / 좋아한다	그 영화를

✏ ____________________

❻

주어 + 동사	목적어
She likes	(a / the / X) sea.
그녀는 / 좋아한다	바다를

✏ ____________________

❼

주어 + 동사	목적어
I study	(an / the / X) English.
나는 / 공부한다	영어를

✏ ____________________

❽

주어 + 동사	목적어
Jane eats	(a / the / X) breakfast.
제인은 / 먹는다	아침을

✏ ____________________

Grammar in Daily Life

알맞은 단어를 골라 앞에 the를 쓰거나 그냥 써 대화를 완성하세요.

guitar　　math　　music　　violin

❶

Do you like ______________?

No, I like ______________.

❷

Can you play ______________?

No, I can play ______________.

moon　　sky　　salt　　window

❸

Open ______________ please.

Okay. Can you pass me ______________?

❹

Look at ______________! It's very bright.

Look at ______________! It's very clear.

baseball　　science　　lunch　　sun

❺

What do you do after ______________?

We play ______________.

❻

The Earth goes around ______________.

You know ______________ very well.

[01-02] 빈칸에 들어갈 말로 알맞은 것을 고르세요.

01

There is a ________.

① eagle ② horses
③ house ④ apple
⑤ men

02

He has an ________.

① red onion ② big dog
③ tall uncle ④ short email
⑤ old car

[03-04] 다음 중 명사의 복수형이 잘못 짝지어진 것을 고르세요.

03 ① car – cars
② friend – friends
③ box – boxes
④ knife – knifes
⑤ roof – roofs

04 ① wolf – wolves
② brush – brushs
③ party – parties
④ beach – beaches
⑤ woman – women

[05-06] 빈칸에 들어갈 말로 알맞지 않은 것을 고르세요.

05

She has two ________.

① sisters ② tomato
③ fish ④ sheep
⑤ cups

06

We need three ________.

① dress ② hours
③ pens ④ weeks
⑤ cups

07 밑줄 친 부분이 올바른 것을 고르세요.

① He plays the soccer.
② We like an film.
③ I play the piano.
④ Do you like a music?
⑤ Can you pass an salt?

08 빈칸에 들어갈 말이 바르게 짝지어진 것을 고르세요.

I have ________ bike. ________ bike is new.

① an – The ② a – The
③ the – An ④ the – A
⑤ a – A

[09-10] 빈칸에 들어갈 말로 알맞은 것을 고르세요.

09

We use ______________.

① an scissor ② the scissors
③ a scissor ④ a scissors
⑤ an new scissors

10

I study ______________.

① an English ② Englishes
③ English ④ the English
⑤ a English

[11-12] 밑줄 친 부분이 잘못된 것을 고르세요.

11 ① I can play the guitar.
② We study a history.
③ The world is wide.
④ It's cold. Close the door.
⑤ The Earth goes around the sun.

12 ① There are two deer.
② I am afraid of mice.
③ Look at those foxes.
④ Some sheep are eating grass.
⑤ Rabbits have four foot.

13 다음 중 어법상 올바른 문장을 고르세요.

① He is good dancer.
② I have a oranges.
③ The babys are cute.
④ We play soccer.
⑤ Jane eats a breakfast.

[14-15] 문장에서 밑줄 친 부분을 바르게 고쳐 쓰세요.

14

Brush your tooth.

→ ______________

15

He meets many childs.

→ ______________

[16-17] 빈칸에 공통으로 들어갈 관사를 쓰세요.

16

- I am ________ actor.
- She has ________ orange bell.

→ ______________

17

- Tom, ________ sun rises in the east.
- She plays ________ cello after school.

→ ______________

[18-21] 주어진 단어를 올바르게 배열하여 문장을 완성하세요.

18 actor good a he is

→

19 buy some I potatoes

→

20 are busy cities the

→

21 guitar plays she the

→

[22-25] 문장에서 틀린 부분을 바르게 고쳐 문장을 다시 쓰세요.

22 He has an small books. 그는 작은 책 한 권을 가지고 있다.

→

23 She uses many dish. 그녀는 많은 접시들을 사용한다.

→

24 Where are the goose? 그 거위들은 어디에 있니?

→

25 An Earth goes around a sun. 지구는 태양 주위를 돈다.

→

대명사

학습 Key Point 미리보기

UNIT 05 **주격 인칭대명사**
문장에서 주어로 쓰이는 인칭대명사를 주격 인칭대명사라고 해요.

UNIT 06 **목적격 인칭대명사**
문장에서 목적어로 쓰이는 인칭대명사를 목적격 인칭대명사라고 해요.

UNIT 07 **소유격과 소유대명사**
소유격은 소유관계를 나타내고, 소유대명사는 소유격과 명사를 합친 인칭대명사예요.

UNIT 08 **지시대명사**
지시대명사 this, that, these, those는 사람이나 사물 등을 가리킬 때 쓰는 말이에요.

주격 인칭대명사

사람이나 사물을 대신하여 쓰는 인칭대명사가 문장에서 주어로 쓰일 때 주격 인칭대명사라고 해요.

Grammar Rules

1 인칭대명사는 사람이나 동물, 사물을 대신하여 쓰는 말이에요.

Tom is my brother. He is tall. (사람을 대신)

He has a bike. It is blue. (사물을 대신)

2 인칭대명사가 문장에서 주어로 쓰일 때 주격 인칭대명사라고 해요. 주격 인칭대명사는 인칭과 수에 따라 모양이 달라져요.

주격 인칭대명사 (~은/는/이/가) + 동사

	단수 (하나)	복수 (둘 이상)
1인칭 (말하는 사람)	**I** 나는	**we** 우리는
2인칭 (듣는 상대방)	**you** 너는	**you** 너희들은
3인칭 (나, 너를 제외한 다른 사람)	**he** 그는 / **she** 그녀는 / **it** 그것은	**they** 그들은, 그것들은

TIP you는 단수와 복수 모양이 같아요. '당신은, 당신들은'이라는 의미도 있어요.

Grammar+

❶ he는 남자 한 명, she는 여자 한 명, it은 동물이나 사물 하나를 대신해요.

the boy → he   my sister → she   the book → it

❷ we는 나(I)를 포함한 여러 명, you는 너(you)를 포함한 여러 명을 대신해요.

you and I → we   Tom and I → we   you and Tom → you

❸ they는 나(I)와 너(you)를 제외한 여러 사람이나 동물, 사물을 대신해요.

Tom and Jane → they   the dogs → they

① the books → (they / we)   ② Jenny → (she / it)   ③ the boy → (she / he)

④ my sisters → (she / they)   ⑤ you and Jack → (we / you)   ⑥ you and I → (they / we)

Grammar Practice

사진을 보고 알맞은 주격 인칭대명사를 고르세요.

❶ (I / we)

❷ (he / we)

❸ (you / she)

❹ (it / they)

❺ (she / he)

❻ (you / he)

❼ (she / he)

❽ (we / they)

밑줄 친 부분을 대신하는 주격 인칭대명사를 쓰세요.

❶ This is my ball. ___It___ is red.	❷ I have an umbrella. ______ is green.	❸ This is my father. ______ is an engineer.
❹ This is my sister. ______ is twelve.	❺ Sally and I are friends. ______ love movies.	❻ David has cats. ______ are cute.
❼ It has two legs. ______ are short.	❽ Jack and Tom are twins. ______ love sports.	❾ You and Amy are smart. ______ love books.

Self-Check 주격 인칭대명사

	1인칭	2인칭	3인칭		
단수 (하나)	❶ ______ 나는	you 너는	he 그는	❷ ______ 그녀는	it 그것은
복수 (둘 이상)	we 우리는	❸ ______ 너희들은	❹ ______ 그들은, 그것들은		

정답 ❶ I ❷ she ❸ you ❹ they

Grammar in Sentences

알맞은 주격 인칭대명사에 동그라미하고 전체 문장을 쓰세요.

1

주어	동사 + 목적어
(He / She) 그는	plays the piano. 연주한다 / 피아노를

✎ ______________________

2

주어	동사 + 목적어
(They / You) 그들은	play soccer. 한다 / 축구를

✎ ______________________

3

주어	be동사 + 보어
(You / We) 당신은	are smart. (이)다 / 영리한

✎ ______________________

4

주어	be동사 + 보어
(I / You) 나는	am happy. (이)다 / 행복한

✎ ______________________

5

주어	동사 + 수식어
(I / We) 우리는	run every day. 뛴다 / 매일

✎ ______________________

6

주어	동사 + 수식어
(It / They) 그것은	runs fast. 달린다 / 빨리

✎ ______________________

7

주어	동사 + 수식어
(You / They) 그들은	live abroad. 산다 / 해외에

✎ ______________________

8

주어	동사 + 수식어
(He / She) 그녀는	lives next door. 산다 / 옆집에

✎ ______________________

Grammar in Daily Life

알맞은 주격 인칭대명사를 써 자신과 가족을 소개하세요.

❶

Hi, everyone.

My name is Ben.

_________ am ten years old.

This is Jake.

_________ is my younger brother.

_________ is only ten months old.

This is my sister, Lilly.

_________ is twelve years old.

_________ is very smart.

우리말에 맞게 알맞은 주격 인칭대명사를 써 친구를 소개하세요.

Ann and I are good friends.

_________ lives next door.
그녀는

_________ is pretty and nice.
그녀는

_________ like to jump rope.
우리는

Jack and I like to play soccer.

_________ lives next door.
그는

_________ is handsome and nice.
그는

_________ are good friends.
우리는

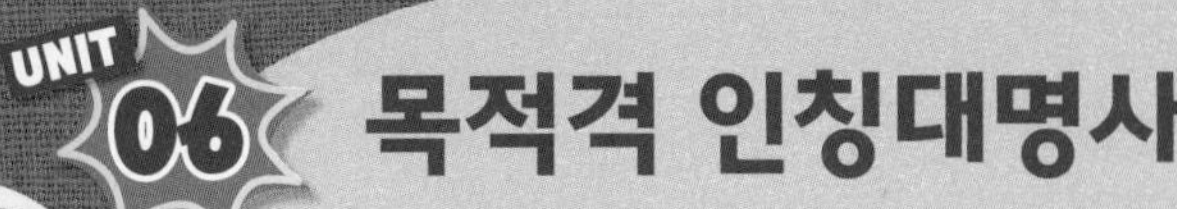

목적격 인칭대명사

인칭대명사가 문장에서 목적어로 쓰일 때 목적격 인칭대명사라고 해요.

Grammar Rules

1 문장에서 동사 뒤에 와서 목적어로 쓰이는 인칭대명사를 목적격 인칭대명사라고 해요.

You have **a dog**. Do you like **it**? 너는 개가 있다. 너는 그것을 좋아하니?
(a dog를 대신하여 문장에서 목적어 역할)

2 목적격 인칭대명사는 인칭과 수에 따라 모양이 달라져요.

주어 + 동사 + 목적격 인칭대명사 (~을/를)

	단수		복수	
	주격	목적격	주격	목적격
1인칭	I	**me** 나를	we	**us** 우리를
2인칭	you	**you** 너를	you	**you** 너희들을
3인칭	he she it	**him** 그를 **her** 그녀를 **it** 그것을	they	**them** 그들을, 그것들을

TIP 인칭대명사 you와 it은 주격과 목적격의 모양이 같아요.

Grammar+

❶ him은 남자 한 명, her는 여자 한 명, it은 동물이나 사물 하나를 대신해요.

the boy → him my sister → her the book → it

❷ us는 나(me)를 포함한 여러 명, you는 너(you)를 포함한 여러 명을 대신해요.

Tom and me → us you and me → us you and your friends → you

❸ them은 나(me)와 너(you)를 제외한 여러 사람이나 동물, 사물을 대신해요.

the boys → them the pens → them cats and dogs → them

① 나를 → (I / me) ② 너를 → (you / we) ③ 그녀를 → (she / her)

④ 그것을 → (it / they) ⑤ 우리를 → (us / we) ⑥ 그들을 → (they / them)

Grammar Practice

괄호 안에서 밑줄 친 부분을 대신하는 목적격 인칭대명사를 고르세요.

❶ The air is terrible.
I hate (you / it).

❷ The games are terrible.
I hate (them / you).

❸ The food is terrible.
I hate (her / it).

❹ They know David.
They will meet (him / you).

❺ We know the girl.
We will find (her / him).

❻ They know you and I.
They will tell (them / us).

❼ Where is my bag?
I can't see (it / them).

❽ Where are my shoes?
I can't find (me / them).

❾ Where is your brother?
I can't see (him / her).

밑줄 친 부분을 대신하는 목적격 인칭대명사를 쓰세요.

❶ Ann is really nice.
I like ____________ a lot.

❷ You are really nice.
I like ____________ a lot.

❸ The book is really nice.
I like ____________ a lot.

❹ I have two cousins.
I miss ____________.

❺ He has an aunt.
He misses ____________.

❻ They have a son.
They miss ____________.

Self-Check 목적격 인칭대명사

	1인칭	2인칭	3인칭		
단수	❶ ______ 나를	you 너를	him 그를	❷ ______ 그녀를	❸ ______ 그것을
복수	❹ ______ 우리를	you 너희들을	them 그들을, 그것들을		

정답 ❶ me ❷ her ❸ it ❹ us

알맞은 목적격 인칭대명사에 동그라미하고 전체 문장을 쓰세요.

❶

주어 + 동사	목적어
I miss 나는 / 그리워한다	(you / them). 너희들을

✎ ______________________

❷

주어 + 동사	목적어
He misses 그는 / 그리워한다	(her / him). 그녀를

✎ ______________________

❸

주어 + 동사	목적어
They need 그들은 / 필요로 한다	(us / me). 우리를

✎ ______________________

❹

주어 + 동사	목적어
She needs 그녀는 / 필요로 한다	(it / them). 그것을

✎ ______________________

❺

주어 + 동사	목적어
I help 나는 / 돕는다	(him / me). 그를

✎ ______________________

❻

주어 + 동사	목적어
He helps 그는 / 돕는다	(her / them). 그들을

✎ ______________________

❼

주어 + 동사	목적어
I can hear 나는 / 들을 수 있다	(you / them). 당신을[당신의 말을]

✎ ______________________

❽

주어 + 동사	목적어
He can see 그는 / 볼 수 있다	(me / you). 나를

✎ ______________________

Grammar in Daily Life

밑줄 친 인칭대명사를 올바른 형태로 고쳐 이웃을 소개하세요.

I have good neighbors. They often visit ❶ we.
They are very kind. ❷ Them have two daughters.
I play with ❸ they every day. The family has
a cute puppy. I like ❹ its very much.
It likes ❺ I, too.

❶ ____________ ❷ ____________ ❸ ____________ ❹ ____________ ❺ ____________

밑줄 친 부분을 대신하거나 우리말에 맞게 인칭대명사를 써 대화를 완성하세요.

❶ Look at that boy!
Do you know ____________?

❷ Sure, he's Sam!
He often visits ____________.
나를

❸ He wears a nice vest.
Do you like ____________?

❹ Yes. Look at his shoes!
Do you like ____________?

❺ No, I don't like ____________.
그것들을
But I like his backpack.
____________ looks good.

소유격과 소유대명사

소유격 인칭대명사는 소유관계를 나타내고, 소유대명사는 소유격과 명사를 합친 대명사예요.

Grammar Rules

1 소유격 인칭대명사는 '~의'라는 뜻으로 명사 앞에 쓰여 명사가 누구의 것인지 소유관계를 나타내요.

주격 (~은/는/이/가)	목적격 (~을/를)	소유격 (~의)
I	me	**my** 나의
you	you	**your** 너의, 너희들의
he / she / it	him / her / it	**his** 그의 / **her** 그녀의 / **its** 그것의
we	us	**our** 우리의
they	them	**their** 그들의, 그것들의

Grammar+

명사는 뒤에 's를 붙이면 소유관계를 나타낼 수 있어요.

Jenny's friends 제니의 친구들　　Jack's bike 잭의 자전거　　my aunt's house 나의 이모의 집

2 소유대명사는 '~의 것'이라는 뜻으로 소유격 인칭대명사와 명사를 합친 대명사예요.

소유격 + 명사	소유대명사 (~의 것)	소유격 + 명사	소유대명사 (~의 것)
my room	**mine** 나의 것	our house	**ours** 우리의 것
your face	**yours** 너의 것	your hands	**yours** 너희들의 것
his pen her pants its tail	**his** 그의 것 **hers** 그녀의 것 -	their legs	**theirs** 그들의 것, 그것들의 것

TIP • 소유대명사 his는 소유격과 모양이 같아요.
• its의 소유대명사는 없어요.

① my book → (mine / my)　② our book → (us / ours)　③ your book → (yours / you)

④ his book → (him / his)　⑤ her book → (her / hers)　⑥ their book → (them / theirs)

Grammar Practice

우리말에 맞게 알맞은 소유격을 쓰고 이를 소유대명사로 바꿔 쓰세요.

❶ ______ hat → ________
나의 모자

❷ ______ pen → ________
너의 펜

❸ ______ glasses → ________
그의 안경

❹ ______ doll → ________
그녀의 인형

❺ ______ dog → ________
우리의 개

❻ ______ ears → ________
그것들의 귀들

괄호 안에서 알맞은 소유격 또는 소유대명사를 고르세요.

❶ I have a new timetable. It is (my / mine).	❷ My sister has a new camera. It is (her / hers).
❸ My dad has new shoes. They are (her / his).	❹ Which is (my / yours) bag? Which bag is (your / mine)?
❺ Which is (it / their) house? Which house is (its / theirs)?	❻ Which are (ours / your) shoes? Which shoes are (our / yours)?

Self-Check 목적격 인칭대명사

	1인칭	2인칭	3인칭		
단수	❶ ________ / mine 나의 / 나의 것	your / ❷ ________ 너의 / 너의 것	his / his 그의 / 그의 것	her / hers 그녀의 / 그녀의 것	its 그것의
복수	❸ ________ / ours 우리의 / 우리의 것	your / yours 너희들의 / 너희들의 것	their / ❹ ________ 그들의 / 그들의 것, 그(것)들의 것		

정답 ❶ my ❷ yours ❸ our ❹ theirs

Grammar in Sentences

우리말에 맞게 소유격이나 소유대명사를 쓴 후 전체 문장을 쓰세요.

❶

주어 + be동사	보어
This cup is	________.
이 컵은/이다	그녀의 것

✎ ________________________________

❷

주어 + be동사	보어
That racket is	________.
저 라켓은/이다	내 것

✎ ________________________________

❸

주어	be동사 + 보어
________ room	is so clean.
우리 방은	(이)다/아주 깨끗한

✎ ________________________________

❹

주어	be동사 + 보어
________ feet	are so cold.
그들의 발은	(이)다/아주 차가운

✎ ________________________________

❺

주어 + 동사	목적어
I will bring	________.
나는/가지고 올 것이다	그의 것을

✎ ________________________________

❻

주어 + 동사	목적어
I will take	________.
나는/가지고 갈 것이다	네 것을

✎ ________________________________

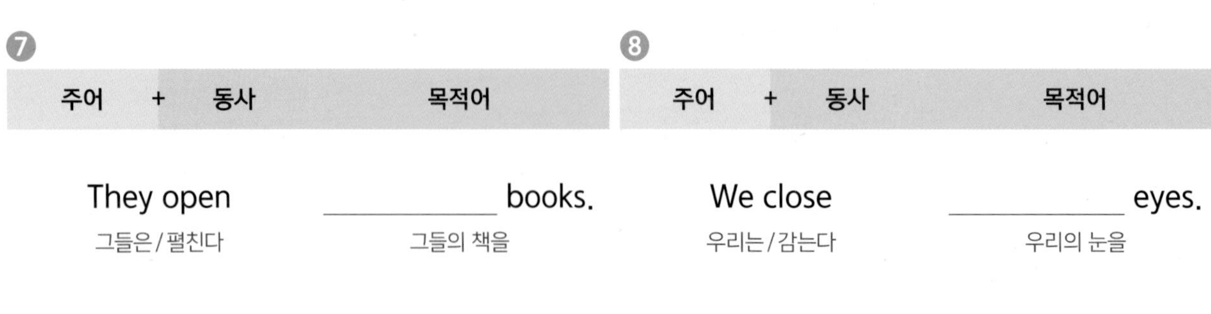

❼

주어 + 동사	목적어
They open	________ books.
그들은/펼친다	그들의 책을

✎ ________________________________

❽

주어 + 동사	목적어
We close	________ eyes.
우리는/감는다	우리의 눈을

✎ ________________________________

Grammar in Daily Life

알맞은 단어를 골라 소유격 또는 소유대명사와 함께 써 대화를 완성하세요.

cookies　cap　fork　fur　glass　sandwiches

❶ This is ________________.
나의 잔
__________ is over there.
네 것

❷ That's ________________.
너의 포크
__________ is here.
내 것

❸ Ben has a cap.
__________ is red.
그의 모자는

❹ Sally has a cap, too.
__________ is green.
그녀의 것

❺ These are ________________.
그들의 쿠키들
__________ are over there.
우리의 것

❻ Those are ________________.
우리의 샌드위치들
__________ are here.
그들의 것

❼ The dog has fur.
__________ is long and black.
그것의 털

❽ The cats have fur.
__________ is short and white.
그것들의 털

UNIT 08 지시대명사

지시대명사는 사람이나 동물, 사물을 가리키는 말로 this, that, these, those가 있어요.

Grammar Rules

1 가까이 또는 멀리 있는 하나의 대상을 가리킬 때 this나 that을 써요. this와 that은 하나의 대상을 가리키므로 be동사 is와 함께 써요.

this (이것, 이 사람)	A: Who **is this?** 이 사람은 누구니? B: She is my friend, Jane. 내 친구, 제인이야.
that (저것, 저 사람)	A: What **is that?** 저것은 뭐니? B: It is your chair. 그것은 네 의자야.

TIP this나 that이 사람을 가리킬 때는 인칭대명사 he나 she로, 사물을 가리킬 때는 it으로 대신해서 써요.

2 가까이 또는 멀리 있는 여러 대상을 가리킬 때 these나 those를 써요. these와 those는 여러 대상을 가리키므로 be동사 are와 함께 써요.

these (이것들, 이 사람들)	A: Who **are these?** 이분들은 누구시니? B: They are my parents. 그들은 나의 부모님이셔.
those (저것들, 저 사람들)	A: What **are those?** 저것들은 뭐니? B: They are gifts. 그것들은 선물이야.

TIP these나 those는 인칭대명사 they로 대신해서 써요.

Grammar+

this, these, that, those는 명사 앞에 와서 명사를 꾸며주는 지시형용사로도 쓰여요.

This shirt is old. 이 셔츠는 낡았다. Those cats are cute. 저 고양이들은 귀엽다.

① 이것 → (this / that) ② 저것들 → (these / those) ③ 이분들 → (this / these)

④ (this / these) pants ⑤ (that / those) shoes ⑥ (these / that) seat

Grammar Practice

괄호 안에서 알맞은 것을 고르세요.

❶ This (is / are) my doll.	❷ Those (are / is) carrots.
❸ (This / These) are (my ball / my balls).	❹ (That / Those) is (a pen / pens).

사진을 보고 빈칸에 알맞은 지시대명사와 be동사를 쓰세요.

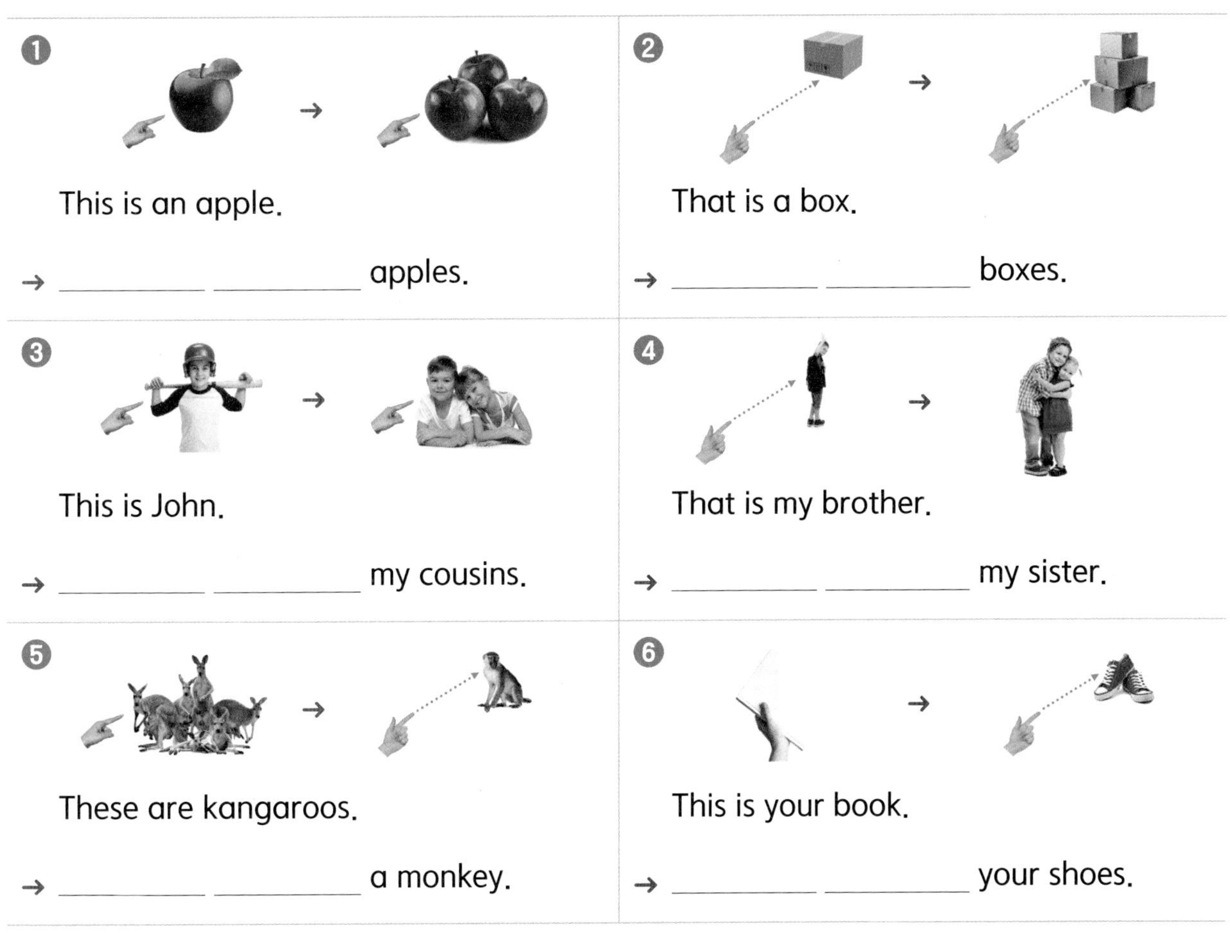

❶ This is an apple.
→ ________ ________ apples.

❷ That is a box.
→ ________ ________ boxes.

❸ This is John.
→ ________ ________ my cousins.

❹ That is my brother.
→ ________ ________ my sister.

❺ These are kangaroos.
→ ________ ________ a monkey.

❻ This is your book.
→ ________ ________ your shoes.

Self-Check 지시대명사

	단수 (하나)	복수 (둘 이상)
가까이 있는 대상	❶ ________ 이것, 이 사람	❷ ________ 이것들, 이 사람들
멀리 있는 대상	❸ ________ 저것, 저 사람	❹ ________ 저것들, 저 사람들

정답 ❶ this ❷ these ❸ that ❹ those

빈칸에 this, that, these, those 중 알맞은 것을 쓴 후 전체 문장을 쓰세요.

1

주어	be동사 + 보어
________	is very nice.
이것은	(이)다 / 아주 좋은

✏ ______________________________

2

주어	be동사 + 보어
________	is my cousin.
이 사람은	이다 / 내 사촌

✏ ______________________________

3

주어	동사 + 보어
________ flowers	smell good.
이 꽃들은	냄새가 난다 / 좋은

✏ ______________________________

4

주어	동사 + 보어
________	smells bad.
저것은	냄새가 난다 / 나쁜

✏ ______________________________

5

주어 + 동사	목적어
They like	________ children.
그들은 / 좋아한다	저 아이들을

✏ ______________________________

6

주어 + 동사	목적어
She likes	________ color.
그녀는 / 좋아한다	이 색깔을

✏ ______________________________

7

주어 + can + 동사	목적어
I can buy	________ donuts.
나는 / 살 수 있다	저 도넛들을

✏ ______________________________

8

주어 + can + 동사	목적어
We can buy	________.
우리는 / 살 수 있다	이것들을

✏ ______________________________

Grammar in Daily Life

그림을 보고 알맞은 단어를 보기와 괄호 안에서 골라 대화를 완성하세요.

belt　shirt　shoes　socks

❶ I like (this / that / these / those) yellow __________.

❷ I like (this / that / these / those) brown __________.

❸ I want (this / that / these / those) __________.

❹ I want (this / that / these / those) __________.

cap　jeans　skirt　shorts

❺ (This / These) (is / are) a __________. (It / They) is pretty.

❻ (These / That) is a __________. (It / They) is green.

❼ (That / Those) (is / are) blue __________. (It / They) are nice.

❽ (These / Those) (is / are) __________. (It / They) are red.

01 다음 중 인칭대명사와 우리말 뜻이 잘못 짝지어 진 것을 고르세요.

① I – 나는 ② their – 그들의
③ us – 우리를 ④ yours – 너의 것
⑤ him – 그의

[02-03] 다음 중 두 인칭대명사의 관계가 다른 하나를 고르세요.

02 ① we – us ② he – him
③ she – hers ④ they – them
⑤ I – me

03 ① my – mine ② his – his
③ your – yours ④ it – its
⑤ our – ours

[04-05] 빈칸에 들어갈 말로 알맞은 것을 고르세요.

04

This is my sister. _________ is twelve.

① We ② She ③ It
④ He ⑤ They

05

Ken and I know David.
We will meet _________.

① you ② her ③ him
④ me ⑤ us

[06-07] 밑줄 친 부분을 바르게 고치지 않은 것을 고르세요.

06 ① His is tall. → He
② My am happy. → I
③ Which are us shoes? → our
④ Theirs feet are so cold. → Their
⑤ I will take him pen. → he

07 ① I miss they. → them
② They need our. → us
③ We can help he. → him
④ She misses your. → you
⑤ He can see my. → I

[08-09] 대화의 빈칸에 들어갈 알맞은 말을 고르세요.

08

A: What is that?
B: _________ is a monkey.

① He ② She ③ Its
④ It ⑤ They

09

A: Who are these people?
B: _________ are my parents.

① It ② They ③ Those
④ We ⑤ You

[10-11] 밑줄 친 부분을 인칭대명사로 바꿀 때 그 형태가 다른 하나를 고르세요.

10 ① My brother is tall.
② His bike is blue.
③ Jack is my brother.
④ My dad has new shoes.
⑤ The boy has an aunt.

11 ① My aunts are teachers.
② Mary and Tom are at school.
③ Your brothers are noisy.
④ The cats have soft fur.
⑤ You and Kate are smart.

[12-13] 밑줄 친 부분이 잘못된 것을 고르세요.

12 ① I know them.
② We miss her.
③ This is him bag.
④ I will bring her umbrella.
⑤ Where are your shoes?

13 ① Those are my books.
② This backpack is mine.
③ These are your socks.
④ That are a box.
⑤ They like these children.

14 빈칸에 들어갈 말이 바르게 짝지어진 것을 고르세요.

• I have a sister. ________ is cute.
• Where are my shoes? I can't see ________.

① She – them ② He – they
③ Her – it ④ She – their
⑤ I – them

15 빈칸에 들어갈 알맞은 인칭대명사를 쓰세요.

• She has a cap. Do you like ________?
• A: What is that?
B: ________ is your gift.

[16-17] 우리말과 같은 뜻이 되도록 밑줄 친 부분을 바르게 고쳐 쓰세요.

16 우리는 우리의 눈을 감는다.
→ We close us eyes.

→ ________

17 이것은 내 것이다. 네 것은 저쪽에 있다.
→ This is mine. You is over there.

→ ________

[18-21] 주어진 단어를 올바르게 배열하여 문장을 완성하세요.

18 you meet will they

→

19 is this hers cup

→

20 so is our clean room

→

21 donuts buy those can I

→

[22-25] 우리말과 같은 뜻이 되도록 주어진 단어를 이용하여 문장을 쓰세요.

22 그는 나의 할아버지이다. (grandfather)

→

23 우리는 그들을 그리워한다. (miss)

→

24 저것들은 그녀의 가위이다. (scissors)

→

25 나는 이 갈색 벨트를 좋아한다. (belt)

→

be동사 (현재시제)

학습 Key Point 미리보기

UNIT 09 **be동사 am, are, is**
be동사는 주어에 따라 am, are, is로 모양이 달라져요.

UNIT 10 **be동사 부정문**
'~가 아니다'라는 의미의 be동사 부정문은 be동사 뒤에 not을 써요.

UNIT 11 **be동사 의문문**
'~이니?'라고 물어보는 be동사 의문문은 be동사를 주어 앞에 써요.

UNIT 12 **There is/are**
There is/are는 '~이 있다'라고 말할 때 써요.

be동사 am, are, is

be동사는 주어의 상태나 직업, 위치 등을 설명해 주는 말로 주어에 따라 모양이 달라져요.

Grammar Rules

1 be동사는 뒤에 오는 말에 따라 '~(이)다' 또는 '(~에) 있다'로 의미가 달라져요.

be동사 + 명사/형용사	~(이)다	I **am** a student. 나는 학생이다. He **is** hungry. 그는 배고프다.
be동사 + 장소를 나타내는 말	(~에) 있다	We **are** at home. 우리는 집에 있다.

2 주어가 인칭대명사일 때 be동사는 am, are, is로 모양이 달라져요. 인칭대명사 주어와 be동사는 줄여서 쓸 수 있어요.

주어	be동사	줄임말	예문
I	**am**	I'**m**	I'**m** happy. 나는 행복하다.
You We They	**are**	You'**re** We'**re** They'**re**	You'**re** brave. 너는 용감하다. We'**re** at school. 우리는 학교에 있다. They'**re** teachers. 그들은 선생님이다.
He She It	**is**	He'**s** She'**s** It'**s**	He'**s** a doctor. 그는 의사이다. She'**s** my mom. 그녀는 나의 엄마이다. It'**s** on the desk. 그것은 책상 위에 있다.

TIP 주어와 be동사를 줄일 때 사용하는 '(어퍼스트로피)는 생략된 글자를 대신하므로 꼭 써야 해요.

3 주어가 명사일 때 단수 명사인지 복수 명사인지에 따라 be동사는 달라져요.

주어	be동사	예문
단수 명사	**is**	My room **is** clean. 내 방은 깨끗하다.
복수 명사	**are**	Those pens **are** mine. 저 펜들은 내 것이다.

① (I/You) am ② (He/They) is ③ Your box (is/are) ④ My feet (is/are)

Grammar Practice

빈칸에 주어에 알맞은 be동사를 쓴 후 줄임말로 쓰세요.

❶ I __am__ so sorry. → __I'm__ so sorry.	❷ We ______ friends. → ______ friends.	❸ They ______ happy. → ______ happy.
❹ It ______ on the box. → ______ on the box.	❺ He ______ at school. → ______ at school.	❻ You ______ my hero. → ______ my hero.

괄호 안에서 주어에 알맞은 be동사를 고르세요.

❶ Sugar (is / are) sweet.	❷ Mary (is / are) upstairs.
❸ My hands (is / are) dirty.	❹ My cat (is / are) cute.
❺ Your shoes (is / are) clean.	❻ Today (is / are) Monday.
❼ The tests (is / are) hard.	❽ The story (is / are) boring.
❾ That picture (is / are) hers.	❿ These dogs (is / are) thirsty.

Self-Check be동사 am, are, is

주어	be동사	<인칭대명사 주어 + be동사> 줄임말
I	❶ ______	I'm
You / We / They / 복수 명사	❷ ______	You're / We're / They're
He / She / It / 단수 명사	❸ ______	He's / She's / It's

정답 ❶ am ❷ are ❸ is

Grammar in Sentences

주어에 알맞은 be동사를 쓴 후 전체 문장을 쓰세요.

❶

주어	be동사	보어
I 나는	________ (이)다	ready. 준비가 된

✎ ________________________________

❷

주어	be동사	보어
The window 창문은	________ (이)다	open. 열린

✎ ________________________________

❸

주어	be동사	보어
Grammar 문법은	________ (이)다	fun. 재미있는

✎ ________________________________

❹

주어	be동사	보어
Carrots 당근들은	________ 이다	vegetables. 야채들

✎ ________________________________

❺

주어	be동사	보어
Sue and Mike 수와 마이크는	________ 이다	her children. 그녀의 아이들

✎ ________________________________

❻

주어	be동사	수식어
Ms. Lee 이 선생님은	________ 있다	upstairs. 위층에

✎ ________________________________

❼

주어	be동사	수식어
The bus stop 그 버스 정류장은	________ 있다	over there. 저쪽에

✎ ________________________________

❽

주어	be동사	수식어
The children 그 아이들은	________ 있다	at home. 집에

✎ ________________________________

Grammar in Daily Life

밑줄 친 부분을 바르게 고쳐 글을 완성하세요.

Hi. I ❶ are Yoon.

There are two children in the picture.

They ❷ is my new friends.

The boy is Alberto. He ❸ are from Italy.

The girl ❹ are Sally. She's from Canada.

We ❺ is good friends.

❶ ________ ❷ ________ ❸ ________ ❹ ________ ❺ ________

주어에 알맞은 be동사를 써 대화를 완성하세요.

❶

I ______ from Seoul.

Seoul ______ a big city.

❷

He ______ from New York.

New York ______ big, too.

❸

The students ______ nice.

They ______ in class now.

❹

Mr. Jones ______ at work.

He ______ a teacher.

❺

You ______ next.

It ______ your turn.

❻

I ______ next.

This ______ my turn.

UNIT 10

be동사 부정문

be동사 부정문은 '~이 아니다'라는 부정의 의미를 가진 문장으로 be동사 뒤에 not을 써요.

Grammar Rules

1 be동사 부정문은 '~이 아니다, (~에) 없다'라는 의미로 be동사 am, are, is 뒤에 not을 써요.

주어	be동사 + not	예문
I	**am not**	I **am not** a fool. 나는 바보가 아니다.
You / We / They 복수 명사	**are not**	You **are not** brave. 너는 용감하지 않다. The books **are not** mine. 그 책들은 내 것이 아니다.
He / She / It 단수 명사	**is not**	He **is not** at home. 그는 집에 없다. That **is not** a rabbit. 저것은 토끼가 아니다.

2 be동사 부정문에서 <be동사 + not>은 줄여서 쓸 수 있어요. 단, am not은 줄여서 쓰지 않아요.

주어	<be동사 + not> 줄임말	예문
I	**am not → X**	I amn't ready yet. (×) I'**m not** ready yet. 나는 아직 준비가 안 되었다.
You / We / They 복수 명사	**are not → aren't**	They **aren't** at home. 그들은 집에 없다. These pens **aren't** mine. 이 펜들은 내 것이 아니다.
He / She / It 단수 명사	**is not → isn't**	He **isn't** tall. 그는 키가 크지 않다. The movie **isn't** scary. 그 영화는 무섭지 않다.

TIP 인칭대명사가 주어인 be동사 부정문은 <주어 + be동사> 줄임말 뒤에 not을 써도 돼요.

I am not → I'm not　　We are not → We're not　　You are not → You're not　　It is not → It's not

① 나는 ~이 아니다 → I'm ______　　② 너는 ~이지 않다 → You're ______ / You __________

③ 우리는 ~에 없다 → We're ______ / We __________　　④ 그는 ~에 없다 → He's ______ / He __________

Grammar Practice

주어진 문장을 부정문으로 바꿔 쓰고, 줄여서도 쓰세요.

❶ You are my best friend. ↔ You ______ ______ my best friend. You __________ my best friend.	❷ He is in the library. ↔ He ______ ______ in the library. He __________ in the library.
❸ I am hungry. ↔ I ______ ______ hungry. I'm __________ hungry.	❹ We are in Japan. ↔ We ______ ______ in Japan. We __________ in Japan.

괄호 안에서 알맞은 것을 골라 문장을 완성하세요.

❶ The books (is / are) hers. They (isn't / aren't) mine.	❷ Mom (is / are) downstairs. She (isn't / aren't) upstairs.
❸ The soup (is / are) cold. It (isn't / aren't) hot.	❹ You (is / are) still young. You (isn't / aren't) old.
❺ That (is / are) a snail. It (isn't / aren't) on the leaf.	❻ Jim (is / are) at home. He (isn't / aren't) at school.
❼ The film (is / are) fun. It (isn't / aren't) boring.	❽ Ted and I (is / are) awake. We (isn't / aren't) in bed.

Self-Check be동사 부정문

주어	be동사 부정문	<be동사 + not> 줄임말
I	am ❶ ______	-
You / We / They / 복수 명사	❷ ______ not	❸ ______
He / She / It / 단수 명사	is not	❹ ______

정답 ❶ not ❷ are ❸ aren't ❹ isn't

Grammar in Sentences

be동사 부정문을 완성한 후 〈be동사 + not〉을 줄여 전체 문장을 쓰세요.

❶

주어	be동사	보어
You	______ ______	late.
당신은	아니다	늦은

✎ ________________________________

❷

주어	be동사	보어
This	______ ______	my backpack.
이것은	아니다	나의 가방

✎ ________________________________

❸

주어	be동사	보어
The shoes	______ ______	expensive.
그 신발은	아니다	비싼

✎ ________________________________

❹

주어	be동사	보어
David	______ ______	his brother.
데이비드는	아니다	그의 형

✎ ________________________________

❺

주어	be동사	수식어
Your friends	______ ______	here now.
네 친구들은	없다	지금 여기에

✎ ________________________________

❻

주어	be동사	수식어
Mr. Kim	______ ______	downstairs.
김 선생님은	없다	아래층에

✎ ________________________________

❼

주어	be동사	수식어
The park	______ ______	over there.
공원은	없다	저쪽에

✎ ________________________________

❽

주어	be동사	수식어
The students	______ ______	at school.
그 학생들은	없다	학교에

✎ ________________________________

Grammar in Daily Life

주어진 단어를 이용하여 사진을 설명하세요.

❶ dirty / clean

Your shoes __aren't__ __dirty__.

They are __clean__.

❷ happy / angry

The man ______ ______.

He is ______.

❸ tall / short

Sam ______ ______.

He is ______.

❹ short / long

Her hair ______ ______.

It is ______.

❺ loose / tight

My jeans ______ ______.

They are ______.

❻ old / young

The woman ______ ______.

She is ______.

❼ right / wrong

Your answer ______ ______.

It is ______.

❽ low / high

The heels ______ ______.

They are ______.

be동사 의문문

'~이니?'라고 물어보는 be동사 의문문은 be동사와 주어의 자리를 바꿔서 만들어요.

Grammar Rules

저자 직강

1 be동사 의문문은 '~이니?, (~에) 있니?'라는 의미로 be동사를 주어 앞에 써요.

They are twins.
Are they twins?
She is from Canada.
Is she from Canada?

그들은 쌍둥이이니?

그녀는 캐나다에서 왔니?

2 be동사 의문문에 대한 대답은 Yes나 No로 해요. No로 대답할 때는 <be동사 + not>을 줄여서 써요.

질문	긍정 대답 (응, 그래.)	부정 대답 (아니, 그렇지 않아.)
Am I ~?	Yes, you are.	No, you aren't.
Are you(너) **~?**	Yes, I am.	No, I'm not.
Are you(너희들) **~?**	Yes, we are.	No, we aren't.
Are we ~?	Yes, you/we are.	No, you/we aren't.
Are they ~?	Yes, they are.	No, they aren't.
Is he/she/it ~?	Yes, he/she/it is.	No, he/she/it isn't.

TIP Yes로 대답할 때는 줄임말을 쓰지 않아요. Yes, you're. (×) → Yes, you are. (○)

Grammar+

주어가 명사인 질문에 대답할 때 명사 주어는 반드시 인칭대명사로 바꿔 대답해요.

Is Mike at home? Yes, **he** is. / No, **he** isn't.
Are you and Min friends? Yes, **we** are. / No, **we** aren't.

Check-Up

① (Is / Are) you ~? Yes, ________ am.

② (Am / Is) he ~? No, ________ isn't.

③ (Is / Are) this ~? Yes, ________ is.

④ (Is / Are) the cities ~? No, ________ aren't.

Grammar Practice

주어진 문장을 의문문으로 바꿔 쓰세요.

❶ You are fast. → ____________ fast?	❷ He is a doctor. → ____________ a doctor?	❸ She is ready. → ____________ ready?
❹ I am cute. → ____________ cute?	❺ We are safe. → ____________ safe?	❻ They are twins. → ____________ twins?

각 질문의 주어에 주의해서 대답을 완성하세요.

❶ A: Is **Tom** in the library? B: Yes, _______ _______.	❷ A: Am **I** wrong? B: No, _______ ____________.
❸ A: Are **your socks** wet? B: Yes, _______ _______.	❹ A: Are **you** Canadian, Mike? B: No, I _______ _______.
❺ A: Are **you and your family** happy? B: Yes, _______ _______.	❻ A: Are **we** late? B: No, you ____________.
❼ A: Is **this** your umbrella? B: Yes, _______ _______.	❽ A: Is **your sister** at home? B: No, _______ ____________.

Self-Check be동사 의문문

be동사 의문문	긍정 대답	부정 대답
❶ ______ I ~?	❷ ______, you are.	No, you aren't.
❸ ______ you/we/they/복수 명사 ~?	Yes, 주어 + are.	No, 주어 + aren't.
❹ ______ he/she/it/단수 명사 ~?	Yes, 주어 + is.	No, 주어 + isn't.

정답 ❶ Am ❷ Yes ❸ Are ❹ Is

Grammar in Sentences

be동사 의문문을 완성한 후 전체 문장을 쓰세요.

❶

be동사	주어	보어
______	the boy	twelve years old?
이니?	그 소년은	12살

✎ ______________________

❷

be동사	주어	보어
______	the bike	expensive?
(이)니?	그 자전거는	비싼

✎ ______________________

❸

be동사	주어	보어
______	he	American?
이니?	그는	미국인

✎ ______________________

❹

be동사	주어	보어
______	Alex and Jake	afraid?
(이)니?	알렉스와 제이크는	무서워하는

✎ ______________________

❺

be동사	주어	보어
______	the actor	Batman?
이니?	그 배우가	배트맨

✎ ______________________

❻

be동사	주어	보어
______	I	cute?
(이)니?	나는	귀여운

✎ ______________________

❼

be동사	주어	수식어
______	your mom	at home?
있니?	네 엄마는	집에

✎ ______________________

❽

be동사	주어	수식어
______	you	in there?
있니?	너는	거기 안에

✎ ______________________

Grammar in Daily Life

주어진 단어와 be동사를 이용하여 질문을 만들고 알맞은 대답과 연결하세요.

❶ (his scissors, these)

____?

❷ (your comb, this)

____?

❸ (Jack, at home)

____?

❹ (sad, her sister)

____?

❺ (from Canada, you)

____?

❻ (you and your family, okay)

____?

ⓐ No, it isn't. It's my sister's.

ⓑ No, he isn't. He's at school.

ⓒ No, she isn't. She is hungry.

ⓓ Yes, they are.

ⓔ Yes, we are. Thank you.

ⓕ No, I'm not. I'm from America.

UNIT 12 There is/are

There is/are는 '~가 있다'라는 의미로 There는 '거기에'라고 해석하지 않아요.

Grammar Rules

1 There is/are는 '~가 있다'라는 의미로 There is 뒤에는 단수 명사, There are 뒤에는 복수 명사가 와요. 이때 There is/are 뒤에 오는 명사가 주어 역할을 해요.

There is + 단수 명사(주어)	There is a bee in my room. 내 방에 벌이 한 마리 있다.
There are + 복수 명사(주어)	There are some restaurants. 식당이 몇 개 있다.

TIP • There is/are는 some(약간의, 몇몇의), many, a lot of(많은)와 함께 잘 쓰여요.
• There is/are는 주로 장소나 위치를 나타내는 표현과 함께 쓰여요.

2 There is/are 부정문은 '~가 없다'라는 의미로 be동사 뒤에 not을 써요.

There is not + 단수 명사 (= isn't)	There is not a parking lot. 주차장이 없다.
There are not + 복수 명사 (= aren't)	There aren't many people. 사람이 많이 없다.

3 There is/are 의문문은 '~가 있니?'라는 의미로 be동사를 there 앞에 써요. 대답은 Yes나 No로 해요.

질문		대답
Is there + 단수 명사?	Is there a problem? 문제가 있니?	Yes, there is. No, there isn't.
Are there + 복수 명사?	Are there any questions? 질문이 있니?	Yes, there are. No, there aren't.

① There (is / are) a chance.
② There (is / are) four rooms.
③ There (isn't / aren't) a lot of people.
④ (Is / Are) there a train for Seoul?

Grammar Practice

괄호 안에서 알맞은 것을 고르세요.

❶ There (is / are) a way.	❷ There are (a chair / two chairs).
❸ There (is / are) some tips.	❹ There is (a fish / a lot of fish).
❺ There (isn't / aren't) a good cafe.	❻ There isn't (a dog / two dogs).
❼ There (isn't / aren't) a traffic jam.	❽ There aren't (a page / ten pages).

빈칸에 알맞은 말을 써 질문과 대답을 완성하세요.

❶ A: ________ there a cat in the tree? B: Yes, there ________.	❷ A: ________ ________ a bus at noon? B: Yes, there ________.
❸ A: ________ ________ tall trees in the park? B: No, there ________.	❹ A: ________ ________ many cups on the table? B: No, there ________.
❺ A: ________ ________ twelve months in a year? B: Yes, there ________.	❻ A: ________ ________ a bookstore nearby? B: No, there ________.

Self-Check There is/are

긍정문 (~가 있다)	There ❶ ________ + 단수 명사	There ❷ ________ + 복수 명사
부정문 (~가 없다)	There isn't	There ❸ ________
의문문 (~가 있니?)	❹ ________ there ~?	Are there ~?

정답 ❶ is ❷ are ❸ aren't ❹ Is

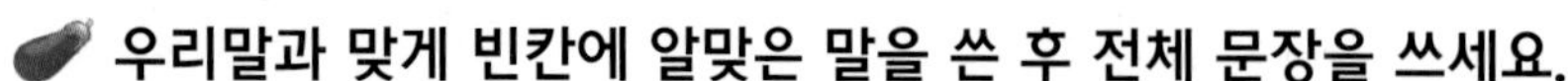

Grammar in Sentences

우리말과 맞게 빈칸에 알맞은 말을 쓴 후 전체 문장을 쓰세요.

1

There + be동사	주어	수식어
There ________	a full moon	today.
있다	보름달이	오늘

✎ ________________________________

2

There + be동사	주어	수식어
There ________	two books	on the table.
있다	책 두 권이	탁자에

✎ ________________________________

3

There + be동사	주어	수식어
There ________	dishes	in the sink.
있다	접시들이	싱크대에

✎ ________________________________

4

There + be동사	주어	수식어
There ________	clouds	in the sky.
있다	구름들이	하늘에

✎ ________________________________

5

There + be동사	주어
There ________	a lot of stars.
없다	많은 별이

✎ ________________________________

6

There + be동사	주어
There ________	a tall building.
없다	높은 건물이

✎ ________________________________

7

be동사 + there	주어
________ there	a bus stop?
있니?	버스 정류장이

✎ ________________________________

8

be동사 + there	주어
________ there	many people?
있니?	많은 사람이

✎ ________________________________

Grammar in Daily Life

사진을 보고 알맞은 단어와 be동사를 골라 문장을 완성하세요.

❶ There (is / are) some ________ in the ________.

❷ There (is / are) a ________ under the ________.

cat vase table flowers

❸ There (is / are) many ________ on the ________.

❹ There (is / are) two ________ on the ________.

desk seesaw books children

❺ There (isn't / aren't) a ________ in the ________.

❻ There (isn't / aren't) many ________ in the ________.

fish park pond bench

사진을 보고 there is/are를 이용하여 대화를 완성하세요.

❶ ________ ________ many pictures on the wall?
Yes, ________ ________.

❷ ________ ________ a lot of books in your room?
No, ________ ________.

❸ ________ ________ a computer on the desk?
No, ________ ________.

[01-02] 다음 중 주어와 be동사가 잘못 짝지어진 것을 고르세요.

01 ① He – is ② We – am ③ They – are ④ I – am ⑤ It – is

02 ① This – is ② Those – are ③ Cats – are ④ A box – is ⑤ Your sister – are

[03-05] 빈칸에 들어갈 말로 알맞은 것을 고르세요.

03 ______________ are mine.

① The book ② This ③ Those ④ That picture ⑤ This carrot

04 ______________ isn't cold.

① Your hands ② The water ③ We ④ My feet ⑤ These

05 Are ______________ wet?

① her hair ② this ③ your cat ④ the actor ⑤ your socks

06 다음 중 be동사의 의미가 다른 하나를 고르세요.

① Ms. Lee is upstairs.
② My room is clean.
③ It is on the desk.
④ There is a bookstore nearby.
⑤ The children are at home.

07 다음 문장에서 not이 들어갈 위치를 고르세요.

There ① is ② a ③ bus ④ at ⑤ noon.

08 밑줄 친 부분이 잘못된 것을 고르세요.

① I amn't ready.
② We aren't at school.
③ He isn't a singer.
④ These aren't mine.
⑤ The park isn't over there.

09 다음 중 어법상 올바른 문장을 고르세요.

① There is some flowers.
② There aren't a parking lot.
③ There isn't many people.
④ Are there a problem?
⑤ There aren't a lot of stars.

[10-11] 우리말을 영어로 바르게 옮긴 것을 고르세요.

10

그 소년은 도서관에 없다.

① The boy am not in the library.
② The boy are not in the library.
③ The boy isn't in the library.
④ The boy not is in the library.
⑤ The boy is in the library.

11

서울로 가는 기차가 있나요?

① Are there a train for Seoul?
② Is there trains in Seoul?
③ Is they a train for Seoul?
④ Is there a train for Seoul?
⑤ There are trains in Seoul?

[12-13] 질문에 대한 대답으로 알맞은 것을 고르세요.

12

A: Is this your comb?
B: Yes, ______________________.

① it isn't ② I'm not
③ they aren't ④ it is
⑤ they are

13

A: Are there many pictures on the wall?
B: No, ______________________.

① there is ② there aren't
③ there are ④ they aren't
⑤ there isn't

[14-15] 우리말과 같은 뜻이 되도록 빈칸에 알맞은 말을 쓰세요.

14

높은 건물이 있다.

→ ________ ________ a tall building.

15

싱크대에 접시들이 있니?

→ ________ ________ dishes in the sink?

[16-17] 빈칸에 공통으로 들어갈 be동사를 쓰세요.

16

• You ______ fast.
• There ______ dishes in the sink.
• The books ______ not mine.

→ ____________

17

• ______ that your umbrella?
• ______ there a bus at noon?
• ______ your mom at home?

→ ____________

[18-21] 빈칸에 알맞은 be동사를 쓰고, 지시대로 바꿔 쓰세요.

18 I __________ ready. (부정문)

→

19 The movie __________ scary. (부정문)

→

20 Your dad __________ at home. (의문문)

→

21 There __________ clouds in the sky. (의문문)

→

[22-25] 문장에서 틀린 부분을 바르게 고쳐 문장을 다시 쓰세요.

22 That pictures is hers. 저 그림들은 그녀의 것이다.

→

23 She hair aren't long. 그녀의 머리는 길지 않다.

→

24 Are you cat lazy? 너의 고양이는 게으르니?

→

25 There is two book on the table. 탁자에 책이 두 권 있다.

→

일반동사 (현재시제)

학습 Key Point 미리보기

UNIT 13 **일반동사 현재형**
주어가 3인칭 단수일 때 일반동사 현재형은 동사 끝에 -(e)s를 붙여요.

UNIT 14 **일반동사 부정문**
일반동사 부정문은 동사원형 앞에 do not이나 does not을 써요.

UNIT 15 **일반동사 의문문**
일반동사 의문문은 Do나 Does를 주어 앞에 쓰고 주어 뒤에 동사원형을 써요.

UNIT 16 **be동사와 일반동사**
be동사와 일반동사는 그 의미와 문장 형식이 달라요.

UNIT 13 일반동사 현재형

일반동사는 주어의 동작이나 상태를 나타내는 말로 be동사와 조동사를 제외한 동사를 말해요.

Grammar Rules

1 일반동사 현재형은 주어의 현재 상태, 반복적인 습관, 일반적 사실 등을 말할 때 써요.

현재 상태	You **look** nice. 너는 좋아 보인다.
반복적인 습관	I **get up** at seven. 나는 7시에 일어난다.
일반적 또는 과학적 사실	The sun **rises** in the east. 해는 동쪽에서 뜬다.

2 일반동사 현재형은 주어에 따라 동사의 원래 형태를 쓰거나 동사 끝에 보통 -s를 붙여요. 주어가 3인칭 단수일 때 동사 끝에 -s를 붙인 형태를 3인칭 단수형이라고 해요.

주어	일반동사 현재형	
I / You / We / They / 복수 명사	동사원형	eat, live, play, talk, work
He / She / It / 단수 명사	동사원형 + **-s**	eat**s**, live**s**, play**s**, talk**s**, work**s**

3 동사 끝에 -es를 붙여 3인칭 단수형을 만드는 동사도 있어요.

-o, -s, -x, -ch, -sh로 끝나는 동사	동사원형 + **-es**	do**es** 하다, go**es** 가다, miss**es** 그리워하다, pass**es** 통과하다, fix**es** 수리하다, match**es** 일치하다, teach**es** 가르치다, wash**es** 씻다, finish**es** 끝내다
'자음 + y'로 끝나는 동사	y → **i** + **-es**	cry → cr**ies** 울다, fly → fl**ies** 날다, try → tr**ies** 노력하다, carry → carr**ies** 운반하다, study → stud**ies** 공부하다

Grammar+

❶ '모음 + y'로 끝나는 동사는 끝에 -s만 붙여요. buys says plays stays

❷ 불규칙적으로 변하는 동사도 있어요. have → **has**

① I (wash / washes) ② He (have / has) ③ It (fly / flies) ④ Ben (do / does)

Grammar Practice

밑줄 친 동사를 주어에 알맞은 형태로 바꿔 쓰세요.

❶ I work hard. → He ________ hard.	❷ We live here. → It ________ here.	❸ They look fine. → She ________ fine.
❹ They wash it. → He ________ it.	❺ I cross the road. → It ________ the road.	❻ You teach us. → She ________ us.

주어진 동사를 주어에 알맞은 형태로 바꿔 쓰세요.

❶ This cake ________ good. (taste)	❷ The bell ________. (ring)
❸ Her baby ________. (cry)	❹ Helen ________ again. (try)
❺ Maria and I ________ by ten. (finish)	❻ My dad ________ his car. (fix)
❼ The stores ________ early. (open)	❽ The moon ________. (shine)
❾ The sun ________ at 6:00. (set)	❿ Alice ________ breakfast. (have)

Self-Check 일반동사 현재형

주어	일반동사 현재형	
I / You / We / They / 복수 명사	동사원형	
He / She / It / 단수 명사	대부분의 동사	동사원형 + ❶ -________
	-o, -s, -x, -ch, -sh로 끝나는 동사	동사원형 + ❷ -________
	'자음 + y'로 끝나는 동사	y → i + ❸ -________
	불규칙적으로 변하는 동사	have → ❹ ________

정답 ❶ s ❷ es ❸ es ❹ has

Grammar in Sentences

주어진 동사를 현재형으로 바꿔 쓴 후 전체 문장을 쓰세요.

❶

주어	동사	목적어
Mary 메리는	______ 청소한다 (clean)	her room. 그녀의 방을

✎ ______________________________

❷

주어	동사	목적어
Mike 마이크는	______ 씻긴다 (wash)	his dog. 그의 개를

✎ ______________________________

❸

주어	동사	목적어
I 나는	______ 보낸다 (send)	emails. 이메일들을

✎ ______________________________

❹

주어	동사	목적어
Robert 로버트는	______ 가지고 있다 (have)	a headache. 두통을

✎ ______________________________

❺

주어	동사	수식어
The bird 그 새는	______ 난다 (fly)	high in the sky. 하늘 높이

✎ ______________________________

❻

주어	동사	수식어
Mr. Kim 김 선생님은	______ 운전한다 (drive)	to work. 직장까지

✎ ______________________________

❼

주어	동사	수식어
The student 그 학생은	______ 공부한다 (study)	for the test. 시험 준비를 위해

✎ ______________________________

❽

주어	동사	수식어
The children 그 아이들은	______ 머문다 (stay)	at home. 집에

✎ ______________________________

Grammar in Daily Life

알맞은 말을 골라 마이크의 일과표를 완성하세요. (동사는 주어에 알맞은 형태로 바꿔 쓰세요.)

wake up

eat breakfast

brush teeth

go to school

do exercise

have lunch

Mike's Daily Schedule

Mike has a daily routine.

❶ He ______________ at 7:30.

❷ He ______________ his teeth at 7:40.

❸ He ______________ exercise at 8:00.

❹ He ______________ breakfast at 8:30.

❺ He ______________ to school at 9:00.

❻ He ______________ lunch at 12:30.

밑줄 친 부분을 바르게 고쳐 글을 완성하세요.

Betty ❶ have an after-school routine.

She ❷ get home at 3:00.

She ❸ washs up and ❹ eat a snack.

She ❺ do her homework at 4:00.

Then, she reads some books or

❻ play with her dog.

❶ ______________ ❷ ______________ ❸ ______________

❹ ______________ ❺ ______________ ❻ ______________

UNIT 14 일반동사 부정문

'~하지 않다'라는 의미의 일반동사 부정문은 do 또는 does를 이용해서 만들어요.

Grammar Rules

저자 직강

1 주어가 I, You, We, They 또는 복수 명사일 때 일반동사 부정문은 동사원형 앞에 do not을 써요. do not은 don't로 줄여서 쓸 수 있어요.

주어	do not + 동사원형		예문
I	do not (= don't)	have	I **don't have** time now. 나는 지금 시간이 없다.
You		like	You **don't like** it. 너는 그것을 좋아하지 않는다.
We		go	We **don't go** out at night. 우리는 밤에 외출하지 않는다.
They		watch	They **don't watch** TV. 그들은 TV를 보지 않는다.
복수 명사		bark	My dogs **don't bark**. 내 개들은 짖지 않는다.

2 주어가 3인칭 단수 또는 단수 명사일 때 일반동사 부정문은 동사원형 앞에 does not을 써요. does not은 doesn't로 줄여서 쓸 수 있어요.

주어	does not + 동사원형		예문
He	does not (= doesn't)	have	He **doesn't have** time. 그는 시간이 없다.
She		like	She **doesn't like** it. 그녀는 그것을 좋아하지 않는다.
It		go	It **doesn't go** back. 그것은 돌아가지 않는다.
단수 명사		watch	Sally **doesn't watch** TV. 샐리는 TV를 보지 않는다.

TIP
- 3인칭 단수란 나와 너를 제외한 다른 사람 한 명이나 동물 한 마리 또는 사물 한 개를 의미해요.
- 주어가 3인칭 단수일 때 does not 뒤에는 반드시 동사원형을 써야 해요.

She teaches English. ↔ She doesn't teaches English. (×)
She doesn't **teach** English. (O)

Check-Up

① I (do / does) not → I ____________　② He (do / does) not → He ____________

③ They (do / does) not → They ____________　④ It (do / does) not → It ____________

Grammar Practice

괄호 안에서 주어에 알맞은 것을 고르세요.

❶ We (don't / doesn't) need that.	❷ You (don't / doesn't) love me.
❸ They (don't / doesn't) look good.	❹ She (don't / doesn't) do her homework.
❺ The man (doesn't / don't) come here.	❻ The dogs (don't / doesn't) bark at me.
❼ Dan and Jack (don't / doesn't) know us.	❽ Mr. Lee (don't / doesn't) teach English.

주어진 문장을 부정문으로 바꿔 쓰고, 줄여서도 쓰세요.

❶ I like milk. ↔ I __do__ __not__ __like__ milk. I __don't__ __like__ milk.	❷ The child plays chess. ↔ The child ______ ______ ______ chess. The child __________ ______ chess.
❸ You trust me. ↔ You ______ ______ ______ me. You __________ ______ me.	❹ My sister has a party. ↔ My sister ______ ______ ______ a party. My sister __________ ______ a party.
❺ My parents drink coffee. ↔ My parents ______ ______ ______ coffee. My parents __________ ______ coffee.	❻ Jack does his best. ↔ Jack ______ ______ ______ his best. Jack __________ ______ his best.

Self-Check 일반동사 부정문

주어	일반동사 부정문	줄임말
I / You / We / They / 복수 명사	❶ ______ not + 동사원형	❷ ______ + 동사원형
He / She / It / 단수 명사	❸ ______ not + 동사원형	❹ ______ + 동사원형

정답 ❶ do ❷ don't ❸ does ❹ doesn't

Grammar in Sentences

우리말에 맞게 줄임말을 써 부정문을 완성한 후 전체 문장을 쓰세요.

❶

주어	동사	목적어
I	don't wear	glasses.
나는	쓰지 않는다 (wear)	안경을

✎ ____________________

❷

주어	동사	목적어
He	______ ______	time.
그는	낭비하지 않는다 (waste)	시간을

✎ ____________________

❸

주어	동사	목적어
John and I	______ ______	money.
존과 나는	가지고 다니지 않는다 (carry)	돈을

✎ ____________________

❹

주어	동사	보어
The soup	______ ______	bad.
그 수프는	냄새가 나지 않는다 (smell)	나쁜

✎ ____________________

❺

주어	동사	보어
The apples	______ ______	good.
그 사과들은	맛이 나지 않는다 (taste)	좋은

✎ ____________________

❻

주어	동사	수식어
Water	______ ______	today.
물이	안 나온다 (come out)	오늘

✎ ____________________

❼

주어	동사	수식어
The bus	______ ______	on time.
그 버스는	오지 않는다 (come)	정각에

✎ ____________________

❽

주어	동사	수식어
The plane	______ ______	at night.
그 비행기는	날지 않는다 (fly)	밤에

✎ ____________________

Grammar in Daily Life

주어진 단어를 이용하여 사진을 설명하세요.

❶ stay / go

My sister __stays__ at home.

She __doesn't__ __go__ to school.

❷ listen / watch

They ________ to music,

but they ________ ________ TV.

❸ read / do

I ________ a book in the library.

I ________ ________ my homework.

❹ smell / taste

This soup ________ good,

but it ________ ________ good.

❺ walk / take

My mom ________ to work.

She ________ ________ the bus.

❻ play / catch

The cat ________ with a toy mouse,

but it ________ ________ mice.

❼ have / tell

David ________ a secret.

He ________ ________ us.

❽ fly / swim

An eagle ________ high,

but it ________ ________ far.

UNIT
15

일반동사 의문문

'~하니?'라고 물어보는 일반동사 의문문은 Do나 Does를 주어 앞에 써요.

Grammar Rules

저자 직강

1 일반동사 의문문은 주어가 3인칭 단수 또는 단수 명사일 때 주어 앞에 Does를 쓰고, 나머지 주어는 Do를 써요. 주어 뒤에는 동사원형을 써요.

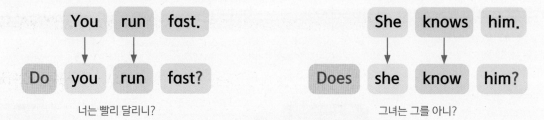

You run fast.
Do you run fast?
She knows him.
Does she know him?

너는 빨리 달리니? 그녀는 그를 아니?

TIP 주어가 3인칭 단수 또는 단수 명사일 때 주어 뒤에 동사원형을 써야 해요.
She teaches English. ↔ Does she teaches English? (×) Does she **teach** English? (O)

2 일반동사 의문문에 대한 대답은 Yes나 No로 해요. No로 대답할 때는 줄임말 don't나 doesn't를 써요.

질문	긍정 대답 (응, 그래.)	부정 대답 (아니, 그렇지 않아.)
Do I ~?	Yes, you do.	No, you don't.
Do you (너/너희들) **~?**	Yes, I/we do.	No, I/we don't.
Do we ~?	Yes, you/we do.	No, you/we don't.
Do they ~?	Yes, they do.	No, they don't.
Does he/she/it ~?	Yes, he/she/it does.	No, he/she/it doesn't.

Grammar+

주어가 명사인 질문에 대답할 때 명사 주어는 반드시 인칭대명사로 바꿔 대답해요.

Does Lisa like it? Yes, **she** does. / No, **she** doesn't.

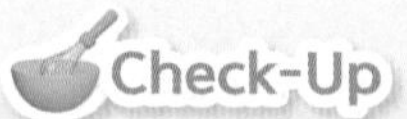

Check-Up

① (Do / Does) a tiger ~? ② (Do / Does) you ~? ③ (Do / Does) the women ~?
④ Do they ~? No, they (don't / do). ⑤ (Do / Does) the moon ~? Yes, it (does / do).

Grammar Practice

주어진 문장을 의문문으로 바꿔 쓰세요.

❶ You like spring. → ________________ spring?	❷ They enjoy sports. → ________________ sports?
❸ He walks to school. → ________________ to school?	❹ She needs advice. → ________________ advice?
❺ We have time. → ________________________?	❻ It goes back. → ________________________?

각 질문의 주어에 주의해서 대답을 완성하세요.

❶ A: Do **your friends** love games? B: Yes, ________ ________.	❷ A: Do **I** look okay? B: No, ________ ________.
❸ A: Does **the bus** arrive late? B: Yes, ________ ________.	❹ A: Do **they** agree with me? B: No, ________ ________.
❺ A: Do **bears** eat berries? B: Yes, ________ ________.	❻ A: Does **your dog** bite? B: No, ________ ________.
❼ A: Does **Jack** do the housework? B: Yes, ________ ________.	❽ A: Does **the dress** fit well? B: No, ________ ________.

Self-Check 일반동사 의문문

주어	일반동사 의문문	대답
I / You / We / They / 복수 명사	❶ ________ + 주어 + 동사원형 ~?	Yes, 주어 + do/does. No, 주어 + don't/doesn't.
He / She / It / 단수 명사	❷ ________ + 주어 + 동사원형 ~?	

정답 ❶ Do ❷ Does

Grammar in Sentences

주어진 동사를 이용하여 의문문을 완성한 후 전체 문장을 쓰세요.

❶

Do/Does	주어	동사	보어
______	the girl	______	sad?
하니?	그 소녀는	보이다 (seem)	슬픈

✎ ______________________________

❷

Do/Does	주어	동사	보어
______	my face	______	red?
하니?	내 얼굴이	되다 (turn)	빨간

✎ ______________________________

❸

Do/Does	주어	동사	목적어
______	you	______	jokes?
하니?	너는	말하다 (tell)	농담을

✎ ______________________________

❹

Do/Does	주어	동사	목적어
______	Jenny	______	an idea?
하니?	제니는	가지고 있다 (have)	아이디어를

✎ ______________________________

❺

Do/Does	주어	동사	목적어
______	he	______	shorts?
하니?	그는	입다 (wear)	반바지를

✎ ______________________________

❻

Do/Does	주어	동사	수식어
______	the train	______	at nine?
하니?	그 기차는	떠나다 (leave)	9시에

✎ ______________________________

❼

Do/Does	주어	동사	수식어
______	the boy	______	a lot?
하니?	그 소년은	웃다 (laugh)	많이

✎ ______________________________

❽

Do/Does	주어	동사	수식어
______	they	______	well?
하니?	그들은	이해하다 (understand)	잘

✎ ______________________________

Grammar in Daily Life

주어진 문장을 의문문으로 바꿔 쓰고 알맞은 대답과 연결하세요.

❶ She teaches at school.

→ ______________________________?

❷ He flies a jet.

→ ______________________________?

❸ The woman cuts hair.

→ ______________________________?

❹ You want a hot dog.

→ ______________________________?

❺ Olivia likes onion rings.

→ ______________________________?

❻ Your parents drink coffee.

→ ______________________________?

ⓐ Yes, he does. He is a pilot.

ⓑ Yes, she does. She is a hairdresser.

ⓒ No, she doesn't. She is a cook.

ⓓ No, they don't. They drink tea.

ⓔ Yes, I do. Thank you.

ⓕ No, she doesn't. She likes French fries.

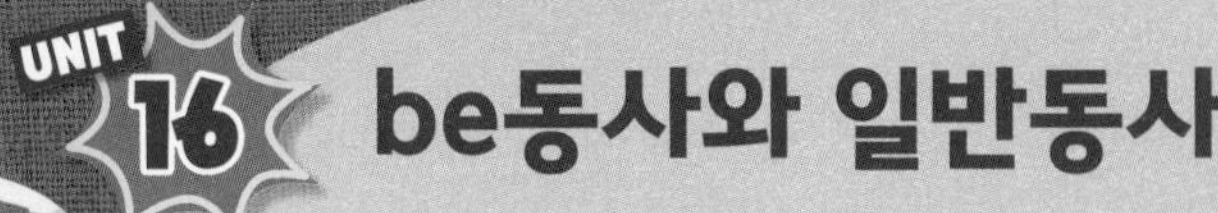

UNIT 16 be동사와 일반동사

be동사와 일반동사는 모두 주어에 관해 설명해 주지만 의미와 문장 형식이 달라요.

Grammar Rules

1 be동사는 주어의 직업, 상태, 위치 등을 설명해 주고, 일반동사는 be동사를 제외한 주어의 동작이나 상태를 나타내는 말로 둘 다 주어에 따라 모양이 달라져요.

주어	be동사	일반동사
I	am	동사원형
You / We / They / 복수 명사	are	
He / She / It / 단수 명사	is	동사원형 + -(e)s

I **am** good. 나는 좋다. I **have** a good idea. 나는 좋은 생각이 있다.

2 be동사 부정문은 be동사 뒤에 not만 쓰지만, 일반동사 부정문은 do/does 뒤에 not을 써요.

주어	be동사 부정문	일반동사 부정문
I	am not	do not[don't] + 동사원형
You / We / They / 복수 명사	are not[aren't]	
He / She / It / 단수 명사	is not[isn't]	does not[doesn't] + 동사원형

We **aren't** late. 우리는 늦지 않았다. We **don't have** time. 우리는 시간이 없다.

3 be동사 의문문은 주어와 be동사의 순서를 바꾸지만, 일반동사는 Do나 Does를 주어 앞에 써요.

주어	be동사 의문문	일반동사 의문문
I	Am + I ~?	Do + 주어 + 동사원형 ~?
You / We / They / 복수 명사	Are + 주어 ~?	
He / She / It / 단수 명사	Is + 주어 ~?	Does + 주어 + 동사원형 ~?

Is she your friend? 그녀는 너의 친구니? **Does** she **have** friends? 그녀는 친구가 있니?

Grammar Practice

괄호 안에서 알맞은 것을 고르세요.

❶ I (am / have) time.	❷ You (are / have) so brave.
❸ It (is / has) hot.	❹ She (feels / am) hungry.
❺ It (isn't / doesn't) easy.	❻ We (isn't / aren't) late for school.
❼ He (isn't / doesn't) do his homework.	❽ They (don't / doesn't) work hard.

괄호 안에서 알맞은 것을 골라 질문과 대답을 완성하세요.

❶ A: (Are / Do) you ready? B: Yes, I (am / do).	❷ A: (Are / Do) they like you? B: Yes, they (are / do).
❸ A: (Is / Does) she swim here? B: Yes, she (is / does).	❹ A: (Are / Do) they kind? B: No, they (aren't / don't).
❺ A: (Is / Does) today Monday? B: No, it (isn't / doesn't).	❻ A: (Is / Does) he go to bed early? B: No, he (isn't / doesn't).
❼ A: (Do / Does) you play soccer? B: No, I (don't / doesn't).	❽ A: (Is / Are) bats birds? B: No, they (isn't / aren't).

Self-Check be동사와 일반동사

	be동사	일반동사
긍정문	주어 + am/are/is	주어 + 동사원형/동사원형+-(e)s
부정문	주어 + am/are/is + ❶ ________	주어 + ❷ ________ / doesn't + 동사원형
의문문	Am/Are/Is + 주어 ~?	❸ ______ / Does + 주어 + ❹ ________ ~?

정답 ❶ not ❷ don't ❸ Do ❹ 동사원형

Grammar in Sentences

우리말에 맞게 be동사 또는 일반동사의 올바른 형태를 쓴 후 전체 문장을 쓰세요.

1

주어	be동사	보어
Susan	______	excited.
수잔은	(이)다	신이 난

✎ ________________________________

2

주어	일반동사	보어
Andy	______	tired.
앤디는	보인다 (look)	피곤한

✎ ________________________________

3

주어	be동사	수식어
The guests	______	downstairs.
그 손님들은	있다	아래층에

✎ ________________________________

4

주어	일반동사	수식어
The others	______	upstairs.
다른 사람들은	머문다 (stay)	위층에

✎ ________________________________

5

주어	be동사	보어
A spider	______ ______	an insect.
거미는	아니다	곤충

✎ ________________________________

6

주어	일반동사	수식어
He	______ ______	early.
그는	안 일어난다 (get up)	일찍

✎ ________________________________

7

be동사	주어	보어
______	the woman	a doctor?
이니?	그 여자는	의사

✎ ________________________________

8

Do/Does	주어	일반동사
______	the men	leave?
하니?	그 남자들은	떠나다

✎ ________________________________

Grammar in Daily Life

사진을 보고 알맞은 동사와 표현을 골라 문장을 완성하세요. (동사는 주어에 맞는 형태로 바꿔 쓰세요.)

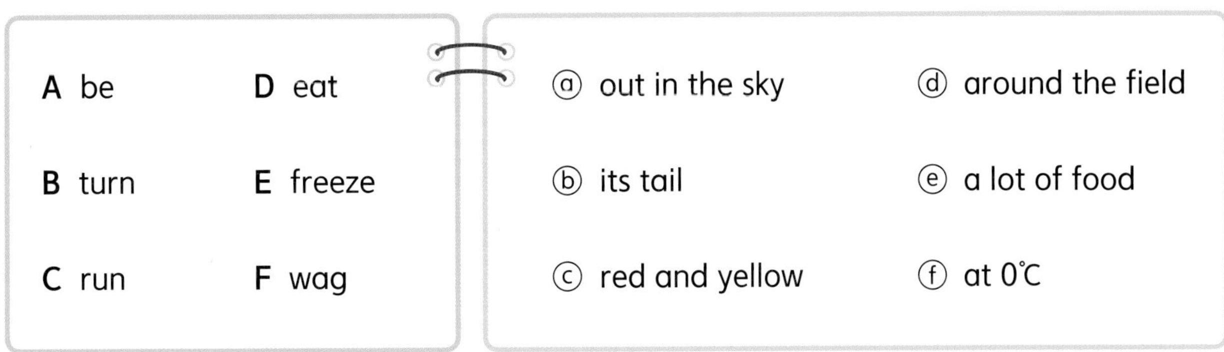

A be	D eat
B turn	E freeze
C run	F wag

ⓐ out in the sky	ⓓ around the field
ⓑ its tail	ⓔ a lot of food
ⓒ red and yellow	ⓕ at 0℃

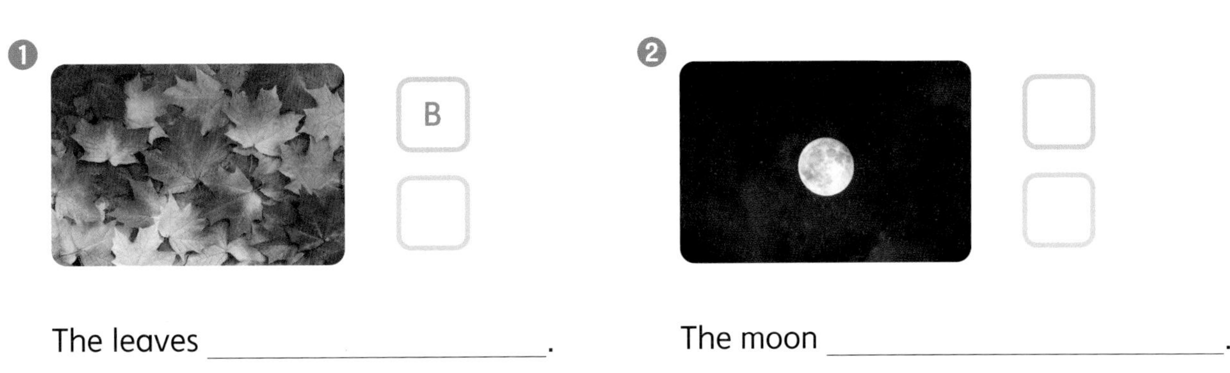

1. The leaves ____________________.

2. The moon ____________________.

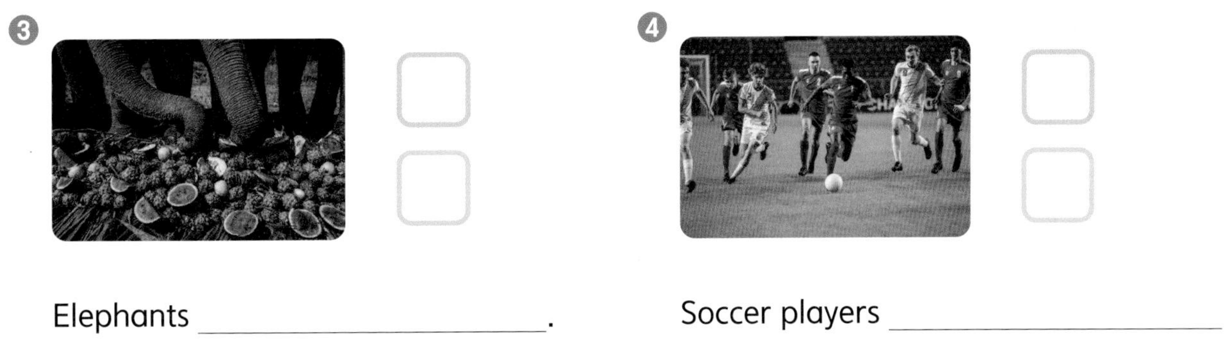

3. Elephants ____________________.

4. Soccer players ____________________.

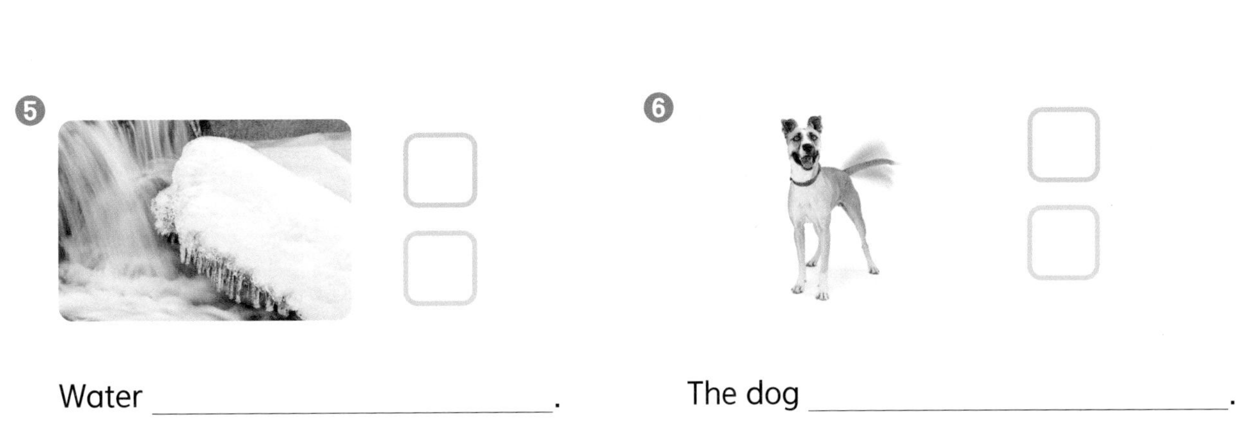

5. Water ____________________.

6. The dog ____________________.

[01-02] 다음 중 동사의 3인칭 단수형이 잘못 짝지어진 것을 고르세요.

01 ① look – looks ② fix – fixes
③ try – trys ④ play – plays
⑤ move – moves

02 ① do – does ② have – haves
③ rise – rises ④ study – studies
⑤ finish – finishes

[03-05] 빈칸에 들어갈 말로 알맞은 것을 고르세요.

03 ________ live in Seoul.

① He ② She
③ We ④ My aunt
⑤ James

04 He ________ time now.

① don't have ② doesn't have
③ doesn't has ④ don't has
⑤ isn't have

05 Do ________ look okay?

① I ② your sister
③ the dress ④ Jack
⑤ the boy

06 빈칸에 공통으로 들어갈 알맞은 말을 고르세요.

- They ________ not watch TV.
- Kate, ________ you walk to school?

① do ② are ③ does
④ is ⑤ am

[07-08] 빈칸에 들어갈 말이 다른 하나를 고르세요.

07 ① The child ______ not play chess.
② My parents ______ not drink coffee.
③ My sister ______ not have a party.
④ The dog ______ not bark at me.
⑤ She ______ not do her homework.

08 ① ______ the woman a doctor?
② ______ she swim here?
③ ______ it Monday today?
④ ______ it red?
⑤ ______ Susan excited?

09 질문에 대한 대답으로 알맞은 것을 고르세요.

A: Do your friends like you?
B: ________________

① Yes, they are.
② Yes, you do.
③ No, they aren't.
④ No, they don't.
⑤ No, they doesn't.

[10-11] 다음 문장을 지시에 따라 바르게 바꾼 것을 고르세요.

10 The plane flies at night. (부정문)

① The plane does not flies at night.
② The plane don't fly at night.
③ The plane isn't fly at night.
④ The plane doesn't fly at night.
⑤ The plane are not fly at night.

11 A tiger runs fast. (의문문)

① Is a tiger run fast?
② Does a tiger run fast?
③ Do a tiger run fast?
④ Does a tiger runs fast?
⑤ Are a tiger runs fast?

[12-13] 밑줄 친 부분이 잘못된 것을 고르세요.

12 ① Elephants eats a lot of food.
② The moon is out in the sky.
③ The leaves turn red and yellow.
④ Water freezes at 0℃.
⑤ Soccer players run around the field.

13 ① He doesn't waste time.
② I don't wear glasses.
③ You don't trust me.
④ The soup doesn't smell bad.
⑤ John and I doesn't carry the boxes.

14 다음 중 어법상 틀린 문장을 고르세요.

① Do they walk to school?
② Does Jenny has an idea?
③ Does your dog bite?
④ Do the girls seem sad?
⑤ Does the train leave at nine?

[15-16] 문장에서 밑줄 친 부분을 바르게 고쳐 쓰세요.

15 Jack don't does his best.

→ ____________________

16 Do she teaches math?

→ ____________________

17 빈칸에 알맞은 말을 써 대화를 완성하세요.

A: __________ you play soccer?
B: No, I __________.

[18-21] 주어진 문장을 지시대로 바꿔 쓰세요. (부정문은 축약형으로 쓰세요.)

18 Andy looks tired. (부정문)

→

19 The guests are downstairs. (부정문)

→

20 You tell jokes. (의문문)

→

21 The boy laughs a lot. (의문문)

→

[22-25] 문장에서 틀린 부분을 바르게 고쳐 문장을 다시 쓰세요.

22 Mike wash his dog. 마이크는 그의 개를 씻긴다.

→

23 The bus don't comes on time. 그 버스는 정각에 오지 않는다.

→

24 Are my face turn red? 내 얼굴이 빨개지니?

→

25 Does they understand well? 그들은 잘 이해하니?

→

형용사와 부사

학습 Key Point 미리보기

UNIT 17 **형용사**
형용사는 명사를 꾸며주거나 주어를 보충 설명해 주는 말이에요.

UNIT 18 **수량형용사**
수량형용사 many, much, some, any는 수나 양이 많고 적음을 나타내는 말이에요.

UNIT 19 **형용사의 비교급**
형용사를 이용하여 두 개의 대상을 비교할 때 형용사의 비교급을 사용해요.

UNIT 20 **부사**
부사는 동사, 형용사, 또는 다른 부사를 꾸며주는 말이에요.

UNIT 21 **빈도부사**
빈도부사는 어떤 일이 얼마나 자주 일어나는지를 나타내는 말이에요.

형용사

형용사는 사람이나 사물의 모양이나 상태, 크기 등을 자세하게 설명해 주는 말이에요.

저자 직강

Grammar Rules

1 형용사는 명사의 모양이나 크기, 상태, 색깔, 수, 날씨 등을 구체적으로 설명해 주는 말이에요.

모양, 크기	round, big, tall, short	색깔, 수	red, yellow, one, two
상태	new, happy, soft, old	날씨	warm, sunny, cold, hot

Grammar+

명사 뒤에 -y나 -ly를 붙여 형용사를 만드는 경우가 있어요.

rainy 비가 오는 cloudy 흐린 salty 짠 weekly 매주의 friendly 다정한 lovely 사랑스러운

2 형용사는 명사 앞에 와서 명사를 꾸며 구체적으로 설명해 줘요.

형용사 + 명사	I have a black cat. 나는 검은 고양이가 있다. These new shoes are mine. 이 새 신발은 나의 것이다.

TIP 형용사는 관사(a/an/the)나 소유격(my, your...), this/these 뒤 또는 명사 바로 앞에 써요.

3 형용사는 be동사나 감각 동사 뒤에 와서 주어를 보충 설명해 줘요.

주어 + [be동사 / 감각 동사] + 형용사(보어)	I am **tired**. 나는 피곤하다. These seats are **good**. 이 자리들이 좋다. You look **nice**. 너는 멋져 보인다. It sounds **good**. 그것은 듣기 좋다. This cloth feels **soft**. 이 천은 부드럽다. These flowers smell **sweet**. 이 꽃들은 향기가 좋다.

TIP 감각 동사는 눈, 코, 입, 피부와 같은 오감을 통해 느끼는 상태를 표현하는 동사예요.

look ~하게 보이다 sound ~하게 들리다 smell ~한 냄새가 나다 taste ~한 맛이 나다 feel ~하게 느끼다

Grammar Practice

빈칸에 뜻이 반대되는 형용사를 찾아 쓰세요.

bad　sad　dirty　small

❶ big	❷ good	❸ clean	❹ happy
↔ ________	↔ ________	↔ ________	↔ ________

우리말에 맞게 주어진 말을 바르게 배열하세요.

❶ bike, new, my	❷ trees, tall, two	❸ hot, coffee, the
→ ________________ 나의 새 자전거	→ ________________ 키 큰 나무 두 그루	→ ________________ 그 뜨거운 커피
❹ easy, quiz, an	❺ good, ideas, their	❻ cap, blue, his
→ ________________ 쉬운 퀴즈 하나	→ ________________ 그들의 좋은 아이디어들	→ ________________ 그의 파란색 모자

주어진 명사를 형용사로 바꿔 문장을 완성하세요.

❶ It is ________ today. (cloud) 오늘은 흐리다.	❷ I like ________ days. (sun) 나는 화창한 날이 좋다.
❸ They look ________. (friend) 그들은 다정하게 보인다.	❹ The soup tastes ________. (salt) 그 수프는 짠 맛이 난다.
❺ He has ________ meetings. (week) 그는 주간 회의가 있다.	❻ We pay a ________ fee. (month) 우리는 월 사용료를 납부한다.

Self-Check 형용사

형용사의 역할과 위치	❶ ________ 수식	a/the/my/this... + ❷ ________ + 명사
	보어로 주어를 보충 설명	주어 + be동사/감각 동사 + 형용사

정답 ❶ 명사 ❷ 형용사

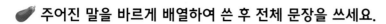

Grammar in Sentences

주어진 말을 바르게 배열하여 쓴 후 전체 문장을 쓰세요.

❶

주어 + be동사	보어
Jason is	______________.
제이슨은 / 이다	빠른 주자 (runner, fast, a)

✏ ______________________

❷

주어 + be동사	보어
It isn't	______________.
그것은 / 아니다	둥근 탁자 (round, a, table)

✏ ______________________

❸

주어 + 동사	목적어
He wears	______________.
그는 / 쓴다	그의 낡은 모자를 (old, hat, his)

✏ ______________________

❹

주어 + 동사	목적어
She doesn't wear	______________.
그녀는 / 안 입는다	이 화려한 드레스를 (dress, this, fancy)

✏ ______________________

우리말에 맞게 알맞은 감각 동사를 쓰고, 보어를 고른 후 전체 문장을 쓰세요.

❺

주어	감각 동사	보어
The milk	________	(fresh / awful).
그 우유는	맛이 난다	신선한

✏ ______________________

❻

주어	감각 동사	보어
Your dog	________	(silly / cute).
너의 개는	보인다	귀여운

✏ ______________________

❼

주어	감각 동사	보어
It	________	(great / boring).
그것은	들린다	멋진

✏ ______________________

❽

주어	감각 동사	보어
This	________	(good / bad).
이것은	냄새가 난다	나쁜

✏ ______________________

Grammar in Daily Life

보기처럼 주어진 단어를 이용하여 2가지 방법으로 사진을 묘사하세요.

보기 car / blue

This ___car___ is ___blue___.

This is a ___blue___ ___car___.

❶ dog / heavy

This ______ is ______.

This is a ______ ______.

❷ chair / comfortable

This ______ is ______.

This is a ______ ______.

❸ castle / old

That ______ is ______.

That is an ______ ______.

❹ painting / famous

That ______ is ______.

That is a ______ ______.

❺ flowers / beautiful

Those ______ are ______.

Those are ______ ______.

❻ books / difficult

These ______ are ______.

These are ______ ______.

UNIT 18

수량형용사

수량형용사는 사람 또는 사물의 수나 양이 많고 적음을 나타내는 말이에요.

Grammar Rules

1 many와 much는 '많은'이라는 뜻으로 many는 셀 수 있는 명사의 복수형 앞에, much는 셀 수 없는 명사 앞에 써요. 둘 다 a lot of로 바꿔 쓸 수 있어요.

many (수가) 많은	many + 복수 명사 (= a lot of)	I have **many** friends. 나는 친구들이 많다.
much (양이) 많은	much + 셀 수 없는 명사 (= a lot of)	We don't have **much** homework. 우리는 숙제가 많지 않다.

TIP 셀 수 없는 명사는 항상 단수형으로 써요.
We don't have much **time**. 우리는 시간이 많지 않다. There is much **sugar**. 많은 설탕이 있다.

2 some과 any는 셀 수 있는 명사의 복수형 또는 셀 수 없는 명사 앞에 모두 쓸 수 있어요. some은 긍정문에 any는 부정문과 의문문에 써요.

some + [복수 명사 / 셀 수 없는 명사]	**긍정문** (약간의, 몇몇의)	There is **some** cheese in the fridge. 냉장고에 약간의 치즈가 있다.
any + [복수 명사 / 셀 수 없는 명사]	**부정문** (하나도)	I don't have **any** questions. 질문이 하나도 없다.
	의문문 (약간의)	Are there **any** tomatoes? 토마토가 좀 있니?

Grammar+

권유나 허락을 나타내는 의문문에서는 any 대신 some을 써요.

Do you want **some** cookies? 쿠키 좀 드릴까요? (권유)
Can I borrow **some** books? 책 좀 빌릴 수 있을까요? (허락)

① many (sugar / cookies) ② much (water / spoons) ③ some (watch / watches)
④ any (child / children) ⑤ (many / much) time ⑥ (many / much) churches

Grammar Practice

밑줄 친 부분을 many 또는 much로 바꿔 쓰세요.

❶ Tom has <u>a lot of</u> problems. = Tom has ________ problems.	❷ She doesn't drink <u>a lot of</u> coffee. = She doesn't drink ________ coffee.
❸ There are <u>a lot of</u> oranges. = There are ________ oranges.	❹ I don't have <u>a lot of</u> money. = I don't have ________ money.
❺ You know <u>a lot of</u> words. = You know ________ words.	❻ Do you have <u>a lot of</u> time? = Do you have ________ time?
❼ She has <u>a lot of</u> questions. = She has ________ questions.	❽ Is there <u>a lot of</u> sugar in it? = Is there ________ sugar in it?

괄호 안에서 알맞은 수량형용사를 고르세요.

❶ There are (some / any) cars. 차가 몇 대 있다.	❷ There aren't (some / any) cars. 차가 하나도 없다.
❸ Ken needs (some / any) help. 켄은 도움이 좀 필요하다.	❹ She doesn't need (some / any) help. 그녀는 도움이 조금도 필요하지 않다.
❺ I don't have (some / any) homework. 나는 숙제가 하나도 없다.	❻ Do you have (some / any) homework? 너는 숙제가 좀 있니?
❼ Can I have (some / any) candies? 사탕 좀 먹어도 돼요?	❽ Is there (some / any) water? 물 좀 있니?

Self-Check 수량형용사

수량형용사	함께 쓰는 명사	수량형용사	함께 쓰는 명사
❶ ________ (수가) 많은	복수 명사	some (긍정문) 약간의, 조금	복수 명사 셀 수 없는 명사
❷ ________ (양이) 많은	셀 수 없는 명사	❸ ________ (부정문) 하나도 (의문문) 약간의	

정답 ❶ many ❷ much ❸ any

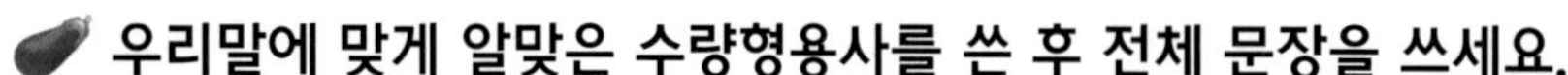

Grammar in Sentences

우리말에 맞게 알맞은 수량형용사를 쓴 후 전체 문장을 쓰세요.

1

There + be동사	주어
There isn't	________ cheese.
없다	많은 치즈가

✏ ________________________________

2

There + be동사	주어
There are	________ flowers.
있다	많은 꽃이

✏ ________________________________

3

be동사 + there	주어
Is there	________ snow?
있니?	많은 눈이

✏ ________________________________

4

be동사 + there	주어
Are there	________ people?
있니?	약간의 사람들이

✏ ________________________________

5

주어 + 동사	목적어
I need	________ milk.
나는 / 필요하다	약간의 우유가

✏ ________________________________

6

주어 + 동사	목적어
She needs	________ onions.
그녀는 / 필요하다	몇 개의 양파가

✏ ________________________________

7

주어 + 동사	목적어
He doesn't need	________ money.
그는 / 필요 없다	돈이 하나도

✏ ________________________________

8

주어 + 동사	목적어
You don't need	________ help.
너는 / 필요 없다	어떤 도움도

✏ ________________________________

Grammar in Daily Life

주어진 단어를 some 또는 any와 함께 써 그림을 설명하세요. (필요시 단어는 복수형으로 쓰세요.)

❶ There isn't ______________ in the fridge. (butter)

❷ There is ______________. (milk)

❸ There aren't ______________ in the fridge. (potato)

❹ There are ______________. (egg)

❺ There is ______________ in the fridge. (cheese)

MILK

알맞은 단어를 골라 many, much, some 또는 any와 함께 써 대화를 완성하세요. (필요시 단어는 복수형으로 쓰세요.)

food	pie	time	child	money	cookie

❶ Do you want ______________?

❷ No, thanks. I have ______________.

❸ There are ______________ at the party.

❹ Oops! We don't have ______________ left.

❺ I'm too busy. I don't have ______________.

❻ I have a lot of time. I don't have ______________.

UNIT 19

형용사의 비교급

형용사를 이용하여 두 개의 대상을 비교할 때 형용사의 비교급을 사용해요.

저자 직강

Grammar Rules

1 형용사의 원래 형태는 원급이라고 하고 비교급은 두 개의 대상을 비교할 때 써요. 형용사의 비교급은 보통 형용사 뒤에 -er를 붙여 만드는 데 '더 ~한'이라는 의미예요.

원급 (~한)	비교급 (더 ~한)
I am tall. 나는 키가 크다.	My sister is **taller**. 누나는 키가 더 크다.

2 형용사의 비교급은 보통 다음의 규칙에 따라 만들어요.

대부분의 형용사	원급 + **-er**	cold → **colder** 더 추운 cheap → **cheaper** 더 싼	long → **longer** 더 긴 short → **shorter** 더 짧은
-e로 끝나는 형용사	원급 + **-r**	nice → **nicer** 더 좋은 large → **larger** 더 큰	close → **closer** 더 가까운 safe → **safer** 더 안전한
-y로 끝나는 형용사	y → **i** + **-er**	easy → **easier** 더 쉬운 heavy → **heavier** 더 무거운	funny → **funnier** 더 웃긴 pretty → **prettier** 더 예쁜
'단모음 + 단자음'으로 끝나는 형용사	끝 자음 반복 + **-er**	big → **bigger** 더 큰 hot → **hotter** 더 뜨거운	fat → **fatter** 더 뚱뚱한 sad → **sadder** 더 슬픈
2음절 이상 형용사	**more** + 원급	difficult → **more difficult** 더 어려운 beautiful → **more beautiful** 더 아름다운	
불규칙하게 변하는 형용사	good → **better** 더 좋은 many/much → **more** 더 많은	bad → **worse** 더 나쁜	

TIP 음절이란 자음과 모음이 결합하여 소리를 내는 최소 단위로 모음을 기준으로 나눠요.

• 1음절: cold • 2음절: care·ful • 3음절: beau·ti·ful

3 비교급 뒤에 '~보다'라는 뜻의 than을 써서 비교 대상을 나타내요.

This is **cheaper than** that. 이것이 저것보다 더 싸다.

She is **more beautiful than** you. 그녀가 당신보다 더 아름답다.

Grammar Practice

형용사를 비교급으로 바꿔 쓰세요.

❶ young → ________ 더 어린	❷ sad → ________ 더 슬픈	❸ cold → ________ 더 추운
❹ close → ________ 더 가까운	❺ busy → ________ 더 바쁜	❻ big → ________ 더 큰
❼ bad → ________ 더 나쁜	❽ difficult → ________ 더 어려운	❾ many/much → ________ 더 많은

우리말에 맞게 주어진 단어를 이용하여 문장을 완성하세요.

❶ 이것은 더 크게 들린다. (loud) This sounds ________.	❷ 오늘은 어제보다 더 덥다. (hot) Today is ________ than yesterday.
❸ 이것이 저것보다 더 길다 (long) This is ________ than that.	❹ 서울이 부산보다 더 크다. (large) Seoul is ________ than Busan.
❺ 저것이 더 어렵다. (difficult) That's ________________.	❻ 너는 오늘 더 아름다워 보인다. (beautiful) You look ________________ today.
❼ 그의 상자가 내 것보다 더 무겁다. (heavy) His box is ________ than mine.	❽ 네 시력이 나보다 더 좋다. (good) Your eyesight is ________ than mine.

Self-Check 형용사의 비교급

대부분의 형용사	원급 + -(e)r	'단모음 + 단자음'으로 끝나는 형용사	끝 자음 반복 + ❶ -________
-y로 끝나는 형용사	y → ❷ ________ + -er	2음절 이상의 형용사	❸ ________ + 원급

정답 ❶ er ❷ i ❸ more

Grammar in Sentences

주어진 형용사를 비교급으로 바꿔 쓴 후 전체 문장을 쓰세요.

❶

주어 + be동사	보어
This is	an ______ way.
이것이 / (이)다	더 쉬운 방법 (easy)

✎ ______________________________

❷

주어 + be동사	보어
His story is	______.
그의 이야기는 / (이)다	더 재미있는 (interesting)

✎ ______________________________

❸

주어 + 동사	목적어
They have	______ books.
그들은 / 가지고 있다	더 많은 책을 (many)

✎ ______________________________

❹

주어 + 동사	목적어
She has	some ______ butter.
그녀는 / 가지고 있다	약간의 더 좋은 버터를 (good)

✎ ______________________________

❺

주어 + be동사	보어	수식어
You are	______	than me.
너는 / (이)다	더 멋진 (nice)	나보다

✎ ______________________________

❻

주어 + be동사	보어	수식어
I am	______	than you.
나는 / (이)다	더 빠른 (fast)	너보다

✎ ______________________________

❼

주어 + be동사	보어	수식어
His hands are	______	than yours.
그의 손이 / (이)다	더 큰 (big)	네 것보다

✎ ______________________________

❽

주어 + be동사	보어	수식어
It is	______	than yesterday.
(날씨) (이)다	더 추운 (cold)	어제보다

✎ ______________________________

Grammar in Daily Life

보기처럼 주어진 형용사를 이용하여 그림을 묘사하세요.

보기 (big)

The bear is __big__.

The gorilla is __bigger__ __than__ the bear.

1. (fast)

My bike is ________.

The car is ________ ________ my bike.

2. (cheap)

$50 $25

My shoes are ________. Your boots are ________ ________ my shoes.

3. (rich)

Amy Jack

Amy is ________.

Jack is ________ ________ Amy.

4. (slow)

A turtle is ________.

A snail is ________ ________ a turtle.

5. (funny)

Oliver Henry

Oliver is ________.

Henry is ________ ________ Oliver.

6. (sad)

Lisa James

Lisa is ________.

James is ________ ________ Lisa.

UNIT 20 부사

부사는 동사나 형용사, 부사를 꾸며 문장의 뜻을 더 명확하게 해주는 말이에요.

저자 직강

Grammar Rules

1 부사는 동사, 형용사 또는 다른 부사를 꾸며 주는 말로 보통 꾸며주는 동사 뒤, 형용사나 다른 부사 앞에 와요.

동사 수식	She sings well. 그녀는 노래를 잘 부른다.
형용사 수식	He's really tired. 그는 정말 피곤하다.
다른 부사 수식	He works very hard. 그는 아주 열심히 일한다.

2 대부분의 부사는 형용사 뒤에 -ly를 붙여 만들지만 예외도 있어요.

대부분의 형용사	+ -ly	sad → sadly 슬픈 슬프게		loud → loudly 큰 크게		careful → carefully 조심스러운 조심스럽게
'자음 + y'로 끝나는 형용사	y → i + -ly	busy → busily 바쁜 바쁘게		easy → easily 쉬운 쉽게		happy → happily 행복한 행복하게
-le로 끝나는 형용사	e를 빼고 + -ly	simple → simply 단순한 단순하게			gentle → gently 온화한 온화하게	
형용사와 형태가 같은 부사	fast → fast 빠른 빨리	high → high 높은 높게	late → late 늦은 늦게		early → early 이른 일찍	low → low 낮은 낮게

TIP 형용사와 부사가 같은 형태의 단어는 문장에서 하는 역할에 따라 구분해요.

We are **late**. 우리는 늦었다. (보어 역할의 형용사)

They came **late** yesterday. 그들은 어제 늦게 왔다. (동사를 수식하는 부사)

Grammar+

❶ 그 외 자주 쓰는 부사들도 알아두세요.

very/so 매우　well 잘　too 너무　really 정말로　much 많이

here 여기에　today 오늘　tomorrow 내일　now 지금　soon 곧

❷ -ly를 붙이면 뜻이 완전히 달라지는 부사도 있어요.

late 늦게 → lately 최근에　hard 열심히 → hardly 거의 ~않다

Grammar Practice

괄호 안에서 알맞은 것을 고르세요.

❶ Do it (careful / carefully). 그거 조심해서 해라.	❷ You speak (kind / kindly). 너는 친절하게 말한다.
❸ The students learn (quick / quickly). 그 학생들은 빨리 배운다.	❹ She swims (good / well). 그녀는 수영을 잘한다.
❺ I get up (late / lately). 나는 늦게 일어난다.	❻ It flies (high / low) in the sky. 그것은 하늘 높이 난다.

다음 주어진 단어를 알맞은 곳에 쓰세요.

❶ (happy, happily) The family lives ______________. 그 가족은 행복하게 산다. We are a ______________ family. 우리는 행복한 가족이다.	❷ (busy, busily) Are you ______________? 바쁘니? People move ______________. 사람들은 바쁘게 움직인다.
❸ (real, really) He studies ______________ hard. 그는 정말 열심히 공부한다. Are those ______________ flowers? 저것들은 진짜 꽃이니?	❹ (many, much) I don't eat ______________ snacks. 나는 간식을 많이 먹지 않는다. I like it very ______________. 나는 그것이 아주 마음에 든다.
❺ (gentle, gently) He is a ______________ person. 그는 온화한 사람이다. The wind blows ______________. 바람이 온화하게 분다.	❻ (easy, easily) Don't worry. It's very ______________. 걱정 마. 그것은 무척 쉽다. She forgets things ______________. 그녀는 쉽게 잊어버린다.

Self-Check 부사

부사의 형태	대부분의 ❶ ________ + -ly	sadly, kindly, carefully
	'❷ ________ + y'로 끝나는 형용사는 y → i + -ly	busily, easily, happily
	❸ ________와 형태가 같은 부사	fast, high, late, early

정답 ❶ 형용사 ❷ 자음 ❸ 형용사

Grammar in Sentences

괄호 안에서 알맞은 부사에 동그라미하고 전체 문장을 쓰세요.

❶

주어 + 동사	수식어
The birds sing 그 새들은 / 노래한다	(beautiful / beautifully). 아름답게

✎ ______________________

❷

주어 + 동사	수식어
A snail moves 달팽이는 / 이동한다	(slow / slowly). 천천히

✎ ______________________

❸

주어 + 동사	수식어
I don't forget 나는 / 잊지 않는다	(easy / easily). 쉽게

✎ ______________________

❹

주어 + 동사	수식어
He doesn't eat 그는 / 먹지 않는다	(quick / quickly). 급히

✎ ______________________

❺

주어 + 동사	수식어
Sarah talks 사라는 / 말한다	too (much / many). 너무 많이

✎ ______________________

❻

주어 + 동사	수식어
Paul swims 폴은 / 수영한다	really (good / well). 정말로 잘

✎ ______________________

❼

주어 + 동사	수식어
You wake up 너희들은 / 일어난다	too (late / lately). 너무 늦게

✎ ______________________

❽

주어 + 동사	수식어
Danny studies 대니는 / 공부한다	very (hard / hardly). 매우 열심히

✎ ______________________

Grammar in Daily Life

밑줄 친 부분을 바르게 고쳐 글을 완성하세요.

We are ❶ well students.

We listen to our teacher ❷ careful.

We write ❸ neat.

We also learn ❹ quick.

❶ ________ ❷ ________ ❸ ________ ❹ ________

Tigers move ❺ quiet.

But they run ❻ fastly.

They roar ❼ loud.

They climb trees ❽ good.

❺ ________ ❻ ________ ❼ ________ ❽ ________

I like music very ❾ many.

But I don't sing ❿ good.

I can read music ⓫ ease.

I practice the guitar very ⓬ hardly.

❾ ________ ❿ ________ ⓫ ________ ⓬ ________

UNIT 21

빈도부사

빈도부사는 어떤 일이 얼마나 자주 일어나는지를 나타내는 부사예요.

저자 직강

Grammar Rules

1 빈도부사는 주어가 어떤 행동을 얼마나 자주 하는지 또는 어떤 일이 얼마나 자주 일어나는지 말해주는 부사예요.

100%	90%	70%	50%	0%
always 항상, 언제나	**usually** 보통, 대개	**often** 종종, 자주	**sometimes** 가끔, 때때로	**never** 결코/절대 ~않다

빈도가 높다 ↑

I **always** get up early. 나는 항상 일찍 일어난다.

He **usually** comes home early. 그는 보통 일찍 귀가한다.

I **often** play soccer. 나는 종종 축구한다.

We **sometimes** hang out together. 우리는 가끔 함께 어울려 논다.

She **never** tells lies. 그녀는 결코 거짓말을 하지 않는다.

빈도가 낮다 ↓

2 빈도부사는 be동사 뒤 또는 일반동사 앞에 써요.

be동사 + **빈도부사**

She is kind. —+always→ She is **always** kind.
그녀는 항상 친절하다.

빈도부사 + **일반동사**

Ben cleans his room. —+sometimes→ Ben **sometimes** cleans his room.
벤은 가끔 그의 방을 청소한다.

① 항상 → ________ ② 결코 ~않다 → ________ ③ 종종 → ________ ④ 보통 → ________

⑤ She (is always / always is) happy. ⑥ He (often goes / goes often) jogging.

Grammar Practice

괄호 안에서 알맞은 것을 고르세요.

❶ I (am always / always am) happy. 나는 항상 행복하다.	❷ We (sometimes see / see sometimes) her. 우리는 가끔 그녀를 본다.
❸ The restaurant (often is / is often) full. 그 식당은 종종 만석이다.	❹ Ken (usually cooks / cooks usually) dinner. 켄은 보통 저녁을 요리한다.
❺ They (are never / never are) late. 그들은 절대로 늦지 않는다.	❻ He (never eats / eats never) spicy food. 그는 매운 음식을 결코 먹지 않는다.

주어진 빈도부사를 넣어 문장을 다시 쓰세요.

❶ I am cheerful. (always) → ______	❷ We get up early. (usually) → ______
❸ They read in bed. (often) → ______	❹ She is late for school. (often) → ______
❺ He drinks coffee. (never) → ______	❻ They are tired. (sometimes) → ______
❼ He walks to work. (usually) → ______	❽ I sing in the shower. (often) → ______

Self-Check 빈도부사

빈도부사 종류	❶ ______ 항상, 언제나 / usually 보통, 대개 / often 종종, 자주 ❷ ______ 가끔, 때때로 / never 결코/절대 ~않다	
빈도부사 위치	be동사 ❸ ______	She is **usually** busy.
	일반동사 ❹ ______	He **sometimes** plays mobile games.

정답 ❶ always ❷ sometimes ❸ 뒤 ❹ 앞

Grammar in Sentences

알맞은 빈도부사를 쓴 후 전체 문장을 쓰세요.

❶

주어 +be동사	빈도부사	보어
You are 당신은/(이)다	________ 항상	busy. 바쁜

✎ ________________________________

❷

주어 +be동사	빈도부사	보어
She is 그녀는/(이)다	________ 가끔	stupid. 바보 같은

✎ ________________________________

❸

주어 +be동사	빈도부사	보어
They are 그들은/(이)다	________ 절대 ~않다	late. 늦은

✎ ________________________________

❹

주어 +be동사	빈도부사	보어
He is 그는/(이)다	________ 보통	kind. 친절한

✎ ________________________________

❺

주어	빈도부사	일반동사 + 목적어
She 그녀는	________ 종종	visits us. 방문한다/우리를

✎ ________________________________

❻

주어	빈도부사	일반동사 + 목적어
They 그들은	________ 때때로	make mistakes. 하다/실수를

✎ ________________________________

❼

주어	빈도부사	일반동사 + 수식어
You 당신은	________ 언제나	get up early. 일어난다/일찍

✎ ________________________________

❽

주어	빈도부사	일반동사 + 수식어
He 그는	________ 자주	eats too much. 먹는다/너무 많이

✎ ________________________________

Grammar in Daily Life

주어진 말을 바르게 배열하여 대화를 완성하세요.

❶

Are you ever late for school?

(never, am, late)

No, I ______________________________ for school.

❷

Is your room neat and clean?

(messy, sometimes, is)

No, it ______________________________.

❸

Do you help your mom?

(do, usually, chores)

Sure, I ______________________________ on weekends.

❹

Do you play mobile games?

(games, sometimes, play)

Yes, we ______________________________ after school.

❺

Does your dad take the bus to work?

(subway, always, takes, the)

No, he ______________________________ to work.

❻

Does your mother get angry?

(angry, gets, never)

No, she ______________________________ at me.

01 다음 중 뜻이 서로 반대되는 형용사끼리 잘못 짝지어진 것을 고르세요.

① big – small ② happy – sad
③ long – short ④ rich – poor
⑤ young – new

02 다음 중 두 단어의 관계가 다른 하나를 고르세요.

① week – weekly
② love – lovely
③ simple – simply
④ friend – friendly
⑤ year – yearly

03 다음 중 형용사와 부사가 잘못 짝지어진 것을 고르세요.

① easy – easily ② sad – sadly
③ busy – busily ④ fast – fastly
⑤ gentle – gently

04 다음 중 형용사의 비교급 형태가 잘못 짝지어진 것을 고르세요.

① long – longer
② heavy – heavier
③ good – better
④ much – more
⑤ hot – hoter

05 빈칸에 들어갈 말로 알맞은 것을 고르세요.

There is ________ milk in the fridge.

① many ② some ③ two
④ any ⑤ a lot

[06-07] 빈칸에 들어갈 말로 알맞지 않은 것을 고르세요.

06

It looks ________.

① good ② nice ③ well
④ bad ⑤ happy

07

This is ________ than that.

① cheaper ② bigger
③ interesting ④ worse
⑤ more beautiful

[08-09] 빈칸에 공통으로 들어갈 말을 고르세요.

08

• It's ________ easy.
• He works ________ hard.

① much ② very ③ well
④ any ⑤ real

09

- I'm not a __________ runner.
- Don't walk too __________.

① slowly ② quick ③ fast
④ fastly ⑤ slow

10 빈칸에 공통으로 들어갈 수량형용사를 고르세요.

- There aren't __________ cars.
- Do you have __________ homework?

① many ② any ③ much
④ some ⑤ a lot

11 다음 중 빈도부사와 우리말 뜻이 잘못 짝지어진 것을 고르세요.

① always – 항상 ② usually – 보통
③ never – 결코 ~않다 ④ often – 자주
⑤ sometimes – 종종

12 빈도부사의 위치가 잘못된 것을 고르세요.

① I usually get up early.
② She never tells lies.
③ She is always kind.
④ The restaurant often is full.
⑤ We sometimes see her.

13 밑줄 친 부분을 바르게 고치지 않은 것을 고르세요.

① Do it careful. → carefully
② He studies real hard. → really
③ The wind blows gentle. → gently
④ He doesn't eat quick. → quickly
⑤ His is heavy than mine. → heavyer

14 다음 중 어법상 틀린 문장을 고르세요.

① He's very hungry.
② Thank you so much.
③ I am tall than you.
④ This soup is too hot.
⑤ His story was more interesting.

[15-16] 문장에서 밑줄 친 부분을 바르게 고쳐 쓰세요.

15

I never am late for school.

→ __________

16

He doesn't need some money.

→ __________

17 우리말과 같은 뜻이 되도록 빈칸에 알맞은 말을 쓰세요.

그는 나보다 더 많은 책을 가지고 있다.

→ He has __________ books than me.

[18-21] 주어진 단어를 올바르게 배열하여 문장을 완성하세요.

18 a it round isn't table

→

19 than it yesterday colder is

→

20 some is in the fridge there cheese

→

21 much sometimes eats too he

→

[22-25] 우리말과 같은 뜻이 되도록 주어진 단어를 이용하여 문장을 쓰세요.

22 Danny는 매우 열심히 공부한다. (study, hard)

→

23 이 우유는 매우 신선한 맛이 난다. (taste, fresh)

→

24 그들은 가끔 실수를 한다. (mistakes)

→

25 그의 손들은 네 것보다 크다. (big)

→

여러 가지 문장

학습 Key Point 미리보기

UNIT 22 **의문사 의문문**
의문사 의문문은 의문사를 사용하여 자세한 정보를 물어볼 때 써요.

UNIT 23 **의문사 who, what**
who는 사람에 대해, what은 사물이나 동물, 일에 대해 물어볼 때 써요.

UNIT 24 **의문사 when, where, why, how**
when은 시간이나 날짜, where는 장소, why는 이유, how는 상태 등을 물어볼 때 써요.

UNIT 25 **명령문과 청유문**
명령문은 명령하거나 지시할 때, 청유문은 권유하거나 제안할 때 써요.

의문사 의문문

의문사를 사용하여 자세한 정보를 물을 때 쓰는 의문문을 의문사 의문문이라고 해요.

Grammar Rules

1 의문사는 누가, 언제, 어디서, 무엇을, 어떻게, 왜 등 자세한 정보를 물어볼 때 쓰는 말이에요.

who	사람	누구, 누가, 누구를	Who are you? 너는 누구니?
what	사물	무엇, 무엇을	What do you have? 너는 무엇을 가지고 있니?
when	시간	언제	When is your birthday? 네 생일은 언제이니?
where	장소	어디서, 어디에	Where do you live? 너는 어디서 사니?
why	이유	왜	Why are you late? 너는 왜 늦었니?
how	방법, 상태	어떻게, 어떤	How do you go to school? 너는 어떻게 학교에 가니?

TIP 의문문에는 Yes나 No로 대답하는 일반 의문문과 특정 정보로 대답하는 의문사 의문문이 있어요.

2 의문사 의문문은 일반 의문문을 만들고 그 앞에 의문사를 붙여 만들어요. be동사가 있는 의문사 의문문은 <의문사 + be동사 + 주어 ~?>의 형태이고, 일반동사가 있는 의문사 의문문은 <의문사 + do/does + 주어 + 동사원형 ~?>의 형태예요.

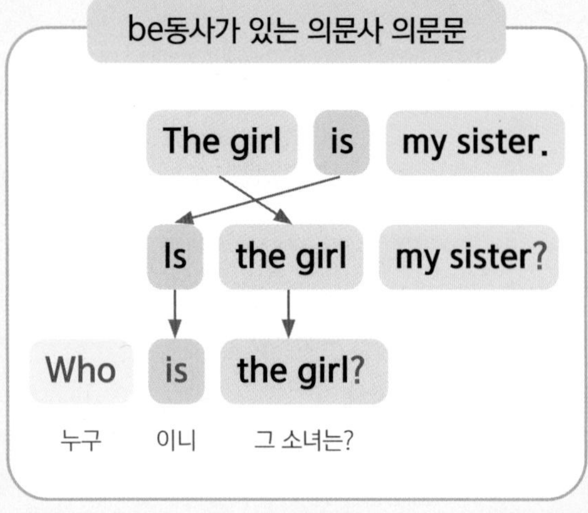

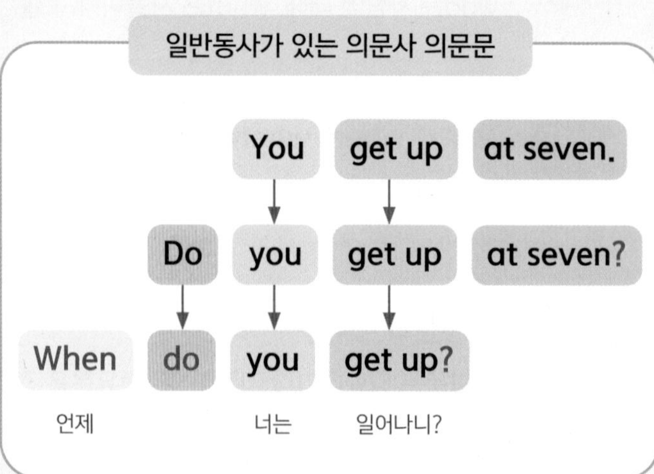

Grammar Practice

각 문장의 어떤 부분이 의문사로 바뀌었는지 동그라미 하세요.

❶ They are **at home**. → **Where** are they?	❷ She is my friend. → **Who** is she?	❸ The weather is cold. → **How** is the weather?
❹ It starts at 8:15. → **When** does it start?	❺ He has a dog. → **What** does he have?	❻ People love the singer. → **Who** do people love?

밑줄 친 말을 물어보는 의문사 의문문을 순서대로 만들어 보세요.

❶ Dad is in the kitchen. → __________ in the kitchen? → (Who / Where) __________?	❷ You see a dog. → __________ a dog? → (What / Why) __________?
❸ They are busy. → __________ busy? → (How / Where) __________?	❹ We meet on Mondays. → __________ on Mondays? → (When / Where) __________?
❺ Tom is sad because he is sick. → __________ sad because he is sick? → (Why / How) __________?	❻ You go home by bus. → __________ by bus? → (How / Who) __________?

Self-Check 의문사 의문문

의문사 종류	❶ ______ 누구, 누구를 ❷ ______ 무엇, 무엇을 when 언제 where 어디서, 어디에 ❸ ______ 왜 ❹ ______ 어떻게, 어떤	
의문사 의문문 형태	be동사가 있는 의문사 의문문	의문사 + be동사 + 주어 ~?
	일반동사가 있는 의문사 의문문	의문사 + do/does + 주어 + 동사원형 ~?

정답 ❶ who ❷ what ❸ why ❹ how

Grammar in Sentences

빈칸에 알맞은 의문사와 be동사 또는 do/does를 쓴 후 전체 문장을 쓰세요.

❶

의문사	be동사	주어
________	________	you?
누구	이니?	너는

✎ ________________________________

❷

의문사	be동사	주어 + 보어
________	________	they late?
왜	(이)니?	그들은 / 늦은

✎ ________________________________

❸

의문사	be동사	주어
________	________	your house?
어떠한	(이)니?	너의 집은

✎ ________________________________

❹

의문사	be동사	주어
________	________	your exam?
언제	있니?	네 시험은

✎ ________________________________

❺

의문사	do/does	주어	동사
________	________	they	meet?
어디서		그들은	만나니?

✎ ________________________________

❻

의문사	do/does	주어	동사
________	________	it	work?
어떻게		그것은	작동하니?

✎ ________________________________

❼

의문사	do/does	주어	동사
________	________	he	do?
무엇을		그는	하니?

✎ ________________________________

❽

의문사	do/does	주어	동사
________	________	the class	start?
언제		그 수업은	시작하니?

✎ ________________________________

Grammar in Daily Life

의문사와 주어진 단어를 이용하여 밑줄 친 말을 물어보는 질문을 쓰세요.

❶ (the children, are)

________________________________?

They are at school.

❷ (this hand sign, mean)

________________________________?

It means victory.

❸ (this, is)

________________________________?

She is my aunt.

❹ (they, come from)

________________________________?

They come from Canada.

❺ (his birthday, is)

________________________________?

His birthday is on May 20.

❻ (the flight, arrive)

________________________________?

It arrives at 8:15.

❼ (her room, is)

________________________________?

It's very cozy.

❽ (he, look)

________________________________?

He looks so tired.

UNIT 23 의문사 who, what

의문사 who는 '누구, 누구를', what은 '무엇, 무엇을'이라는 뜻이에요.

Grammar Rules

1 의문사 who는 사람에 대해 물어볼 때 써요. who로 물어보는 의문문은 사람으로 대답해요.

★ **Who** (누구) + be동사 + 주어 ~?

A: Who is the girl? 그 소녀는 누구니? — B: She is my classmate.

A: Who are those people? 저 사람들은 누구니? — B: They are Korean singers.

★ **Who** (누구를) + do/does + 주어 + 동사원형 ~?

A: Who do you like? 너는 누구를 좋아하니? — B: I like you the most.

A: Who does he teach? 그는 누구를 가르치니? — B: He teaches us.

2 의문사 what은 사물이나 동물, 일에 대해 물어볼 때 써요. what으로 물어보는 의문문은 사물이나 일, 사건으로 대답해요.

★ **What** (무엇) + be동사 + 주어 ~?

A: What is this? 이것은 무엇이니? — B: It is a new phone.

A: What are those? 저것들은 무엇이니? — B: They are my shoes.

★ **What** (무엇을) + do/does + 주어 + 동사원형 ~?

A: What do they watch? 그들은 무엇을 보니? — B: They watch K-dramas.

A: What does he do? 그는 직업이 뭐니? — B: He is a programmer.

3 의문사 what 다음에 명사를 쓰면 '무슨(어떤) ~'이라는 의미로 구체적인 정보를 물어볼 수 있어요.

시각	What time is it? 몇 시니?	크기	What size do you wear? 어떤 사이즈를 입니?
요일	What day is it? 무슨 요일이니?	색	What color do you like? 무슨 색을 좋아하니?

① 누구 → (who / what) ② 무엇을 → (who / what) ③ 무슨 색 → (who / what) color

④ 어떤 치수 → (who / what) size ⑤ 무슨 요일 → what (date / day) ⑥ 몇 시 → what (time / hour)

Grammar Practice

대답을 보고 의문사 who 또는 what을 써 질문을 완성하세요.

❶ A: __________ are they? B: They are my friends.	❷ A: __________ are they? B: They're my shoes.
❸ A: __________ do you ask? B: I ask my dad.	❹ A: __________ does she eat for lunch? B: She eats sandwiches for lunch.
❺ A: __________ day is it today? B: It's Friday.	❻ A: __________ size do you wear? B: I wear M.
❼ A: __________ time is it now? B: It's two thirty.	❽ A: __________ color do you like? B: I like yellow.

밑줄 친 말을 물어보는 의문사 의문문을 순서대로 만들어 보세요.

❶ He is your teacher. → __________ he your teacher? 그는 네 선생님이니? → __________ __________ he? 그는 누구니?	❷ Mary knows my name. → __________ Mary __________ my name? 메리가 내 이름을 알고 있니? → __________ __________ Mary __________? 메리가 무엇을 알고 있니?
❸ They love K-pop. → __________ they __________ K-pop? 그들은 케이팝을 좋아하니? → __________ __________ they __________? 그들은 무엇을 좋아하니?	❹ He helps you. → __________ he __________ you? 그는 너를 돕고 있니? → __________ __________ he __________? 그는 누구를 돕고 있니?

Self-Check 의문사 who, what

의문사	묻는 대상	의문문 형태
❶ __________ 누구, 누구를	사람	Who/What + be동사 + 주어 ~? Who/What + do/does + 주어 + 동사원형 ~?
❷ __________ 무엇, 무엇을	사물이나 동물, 일	

정답 ❶ who ❷ what

Grammar in Sentences

빈칸에 알맞은 의문사와 be동사 또는 do/does를 쓴 후 전체 문장을 쓰세요.

❶

의문사	be동사	주어
________	________	I?
누구	이니?	나는

✏ ______________________________

❷

의문사	be동사	주어
________	________	these?
무엇	이니?	이것들은

✏ ______________________________

❸

의문사 + 명사	be동사	주어 + 수식어
________ time	________	it now?
몇 시	이니?	지금

✏ ______________________________

❹

의문사 + 명사	be동사	주어 + 수식어
________ day	________	it today?
무슨 요일	이니?	오늘

✏ ______________________________

❺

의문사	do/does	주어 + 동사
________	________	he learn?
무엇을		그는 / 배우니?

✏ ______________________________

❻

의문사	do/does	주어 + 동사
________	________	they meet?
누구를		그들은 / 만나니?

✏ ______________________________

❼

의문사 + 명사	do/does	주어 + 동사
________ size	________	you want?
어떤 사이즈를		너는 / 원하니?

✏ ______________________________

❽

의문사 + 명사	do/does	주어 + 동사
________ color	________	Ann like?
무슨 색을		앤은 / 좋아하니?

✏ ______________________________

Grammar in Daily Life

주어진 단어와 be동사 또는 do/does를 이용하여 질문을 만들고 알맞은 대답과 연결하세요.

❶ (who, your best friend)

________________________________? • • ⓐ She is a doctor.

❷ (what, she, do)

________________________________? • • ⓑ I need purple.

❸ (what, color, you, need)

________________________________? • • ⓒ My best friend is Mike.

❹ (what, his favorite food)

________________________________? • • ⓓ She misses her family.

❺ (who, Helen, miss)

________________________________? • • ⓔ It's Wednesday.

❻ (today, what, day, it)

________________________________? • • ⓕ He loves spaghetti.

의문사 when, where, why, how

where는 장소, when은 시간, how는 방법이나 상태, why는 이유를 물어볼 때 쓰는 의문사예요.

Grammar Rules

1 시간이나 날짜 등을 물어볼 때는 의문사 when, 장소나 위치를 물어볼 때는 의문사 where를 써요.

★ **When** (언제)

A: When is Christmas? 크리스마스는 언제니? B: December 25.

A: When does he get back? 그는 언제 돌아오니? B: On Sunday.

★ **Where** (어디에, 어디서)

A: Where are you? 너는 어디에 있니? B: I'm in the library.

A: Where do they put it? 그들은 그것을 어디에 두니? B: On the table.

2 원인이나 이유를 물어볼 때는 의문사 why, 상태나 방법을 물어볼 때는 의문사 how를 써요.

★ **Why** (왜)

A: Why are you late? 왜 늦었니? B: I got up late.

A: Why do you like her? 그녀를 왜 좋아하니? B: She is very kind.

★ **How** (어떤, 어떻게)

A: How is the weather? 날씨는 어때? B: It's sunny.

A: How do you get there? 거기까지 어떻게 가니? B: I take the bus.

3 의문사 how 뒤에 형용사나 부사를 쓰면 '얼마나 ~한'이라는 의미로 다양한 정보를 물어볼 수 있어요.

나이	How old are you? 너는 몇 살이니?	가격	How much are these? 이것들은 얼마니?
키	How tall is he? 그는 얼마나 키가 크니?	빈도	How often do you eat out? 얼마나 자주 외식을 하니?
기간, 길이	How long is the class? 수업 시간이 얼마나 길어?	속도	How fast can it run? 그것은 얼마나 빨리 달릴 수 있니?

TIP 수량을 물어볼 때는 <How many + 복수 명사> 또는 <How much + 단수 명사>를 써요.

How many books do you have? **How much** time do you have?

Grammar Practice

대답을 보고 의문사 when, where, why 또는 how를 써 질문을 완성하세요.

❶ A: ________ does the train arrive? B: At 9:30.	❷ A: ________ does his aunt live? B: She lives in Ulsan.
❸ A: ________ is the weather? B: It's windy today.	❹ A: ________ do you like spring? B: I can play outside all day.
❺ A: ________ does she have dinner? B: At seven.	❻ A: ________ do you spell your name? B: O-l-i-v-e-r.
❼ A: ________ is he in a hurry? B: He is late for work.	❽ A: ________ often do they eat out? B: Once a week.

밑줄 친 말을 물어보는 의문사 의문문을 순서대로 만들어 보세요.

❶ The concert begins <u>at 7:30</u>. → ________ the concert begin at 7:30? 콘서트가 7시 30분에 시작하니? → ________ ________ the concert ________? 콘서트는 언제 시작하니?	❷ The bathroom is <u>upstairs</u>. → ________ the bathroom upstairs? 화장실이 이층에 있니? → ________ ________ the bathroom? 화장실이 어디에 있니?
❸ You like him <u>because he's fun</u>. → ________ you ________ him because he's fun? 너는 그가 재미있어서 좋아하니? → ________ ________ you ________ him? 너는 왜 그를 좋아하니?	❹ This story ends <u>happily</u>. → ________ this story ________ happily? 이 이야기는 행복하게 끝나니? → ________ ________ this story ________? 이 이야기는 어떻게 끝나니?

Self-Check 의문사 when, where, why, how

묻는 대상	시간이나 날짜	장소나 위치	원인이나 이유	상태나 방법
의문사	❶ ________ 언제	❷ ________ 어디에, 어디서	❸ ________ 왜	❹ ________ 어떤, 어떻게

정답 ❶ when ❷ where ❸ why ❹ how

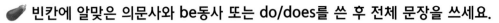

Grammar in Sentences

빈칸에 알맞은 의문사와 be동사 또는 do/does를 쓴 후 전체 문장을 쓰세요.

❶

의문사	do/does	주어	동사
________	________	you	live?
어디서		너는	사니?

✎ ________________________________

❷

의문사	do/does	주어	동사
________	________	he	shout?
왜		그는	소리치니?

✎ ________________________________

❸

의문사	do/does	주어	동사 + 목적어
________	________	she	have dinner?
언제		그녀는	먹니? / 저녁을

✎ ________________________________

❹

의문사	do/does	주어	동사 + 목적어
________	________	you	do this?
어떻게		너는	하니? / 이것을

✎ ________________________________

❺

의문사 + 형용사	be동사	주어
________	________	the sale?
얼마나 긴	(이)니?	세일 기간이

✎ ________________________________

❻

의문사 + 형용사	be동사	주어
________	________	she?
몇 살	이니?	그녀는

✎ ________________________________

❼

의문사 + 부사	do/does	주어	동사
________	________	the bus	come?
얼마나 자주		버스는	오니?

✎ ________________________________

❽

의문사 + 부사	do/does	주어	동사
________	________	this	go?
얼마나 빨리		이것은	가니?

✎ ________________________________

Grammar in Daily Life

주어진 단어와 be동사 또는 do/does를 이용하여 질문을 만들고 알맞은 대답과 연결하세요.

❶ (the class, start, when, today)

______________________? • • ⓐ It's very cold.

❷ (the post office, where)

______________________? • • ⓑ It's down the street.

❸ (how, today, the weather)

______________________? • • ⓒ It starts at 8:30.

의문사 how와 알맞은 형용사 또는 부사를 골라 써 질문을 완성하세요.

old	much	long	tall	high	often

❶ A: ________ ________ is the wait?

B: It takes 10 minutes.

❷ A: ________ ________ is the tree?

B: Over 10 meters high.

❸ A: ________ ________ is that castle?

B: It's 800 years old.

❹ A: ________ ________ do you work out?

B: Twice a week.

❺ A: ________ ________ are the shoes?

B: They are 100 dollars.

❻ A: ________ ________ am I?

B: You're 130cm tall.

명령문과 청유문

명령문은 명령하거나 지시할 때, 청유문은 권유하거나 제안할 때 써요.

Grammar Rules

1 명령문은 상대방에게 명령하거나 지시할 때 써요. 긍정 명령문은 동사원형으로 시작하고, 부정 명령문은 Don't 뒤에 동사원형을 써요.

동사원형 ~ (~해라)	Don't + 동사원형 ~ (~하지 마라)
You are quiet.	You come here.
→ **Be** quiet. 조용히 해라.	→ **Don't come** here. 여기로 오지 마라.
Be careful. 조심해라.	**Don't be** late. 늦지 마라.
Open your books. 책을 펴라.	**Don't swim** here. 여기서 수영하지 마라.

TIP be동사 am, are, is의 동사원형은 be이므로 be동사가 있는 문장의 명령문은 Be로 시작해요.

Grammar+

❶ 명령문 앞이나 뒤에 please를 붙이면 좀 더 공손한 표현이 돼요.

Please hurry up. / Hurry up, **please**. 서둘러 주세요.

❷ 부정 명령문에서 '절대 ~하지 마'라고 강하게 얘기할 때는 Don't 대신 Never를 써요.

Never buy it! 절대 사지 마!

2 청유문은 말하는 사람(I)이 상대방(You)에게 '(함께) ~하자, ~하지 말자'라고 권유하거나 제안할 때 써요. 청유문은 Let us의 줄임말인 Let's로 시작해요.

Let's + 동사원형 ~ (~하자)	Let's not + 동사원형 ~ (~하지 말자)
Let's **start**! 시작하자!	Let's not **talk**! 말하지 말자!
Let's **take** a break. 좀 쉬자.	Let's not **fight**. 싸우지 말자.
Let's **be** friends. 친구가 되자.	Let's not **be** late. 지각하지 말자.

① 조심해라. → (Are / Be) careful.

② 가지 말자. → (Don't / Let's not) go.

③ 소리를 크게 질러라. → (Shout / Let's shout) loudly.

④ 웃지 마라. → (Don't / Let's not) laugh.

Grammar Practice

우리말에 맞게 괄호 안에서 알맞은 것을 고르세요.

❶ (Is / Be) Happy. 행복해라.	❷ (Open / Opens) the door. 문을 열어라.	❸ (Don't / Doesn't) drink this. 이것은 마시지 마.
❹ Don't (tell / tells) her. 그녀에게 말하지 마.	❺ Let's (wait / waits) here. 여기서 기다리자.	❻ (Let's not / Don't) meet again. 다시 만나지 말자.

주어진 문장을 우리말에 맞게 명령문으로 바꿔 쓰세요.

❶ You are quiet. → ____________________ 조용히 해라.	❷ You are lazy. → ____________________ 게으름 피우지 마라.
❸ You eat so quickly. → ____________________ 너무 급하게 먹지 마라.	❹ You go to bed early. → ____________________ 일찍 자라.

두 문장이 자연스럽게 연결되도록 빈칸에 Let's 또는 Let's not을 쓰세요.

❶ I am so hungry. __________ have lunch now.	❷ It's very cold outside. __________ stay home.
❸ This fish smells bad. __________ buy it.	❹ The wind is too strong. __________ close the window.
❺ We are all friends. __________ fight.	❻ It's Jenny's birthday. __________ have a party.

Self-Check 명령문과 청유문

명령문		청유문	
~해라	❶ ________으로 시작	~하자	❸ ________ + 동사원형 ~
~하지 마라	❷ ________ + 동사원형 ~	~하지 말자	Let's ❹ ________ + 동사원형 ~

정답 ❶ 동사원형 ❷ Don't ❸ Let's ❹ not

Grammar in Sentences

우리말에 맞게 명령문을 완성한 후 전체 문장을 쓰세요.

❶

be동사	보어
______	careful.
해라	조심하는

✏ ______________________

❷

Don't + be동사	보어
______ ______	mad.
하지 마라	화가 난

✏ ______________________

❸

동사	목적어
______	your homework.
해라 (do)	네 숙제를

✏ ______________________

❹

Don't + 동사	목적어
______ ______	my computer.
쓰지 마라 (use)	내 컴퓨터를

✏ ______________________

우리말에 맞게 청유문을 완성한 후 전체 문장을 쓰세요.

❺

Let's + be동사	보어
______ ______	friends.
되자	친구

✏ ______________________

❻

Let's not + be동사	보어
______ ______ ______	rude.
(이)지 말자 (be)	무례한

✏ ______________________

❼

Let's + 동사	목적어
______ ______	something.
먹자 (eat)	뭔가 좀

✏ ______________________

❽

Let's not + 동사	목적어
______ ______ ______	the bus.
타지 말자 (take)	그 버스를

✏ ______________________

Grammar in Daily Life

주어진 동사를 이용하여 명령문 또는 청유문을 만들어 대화를 완성하세요.

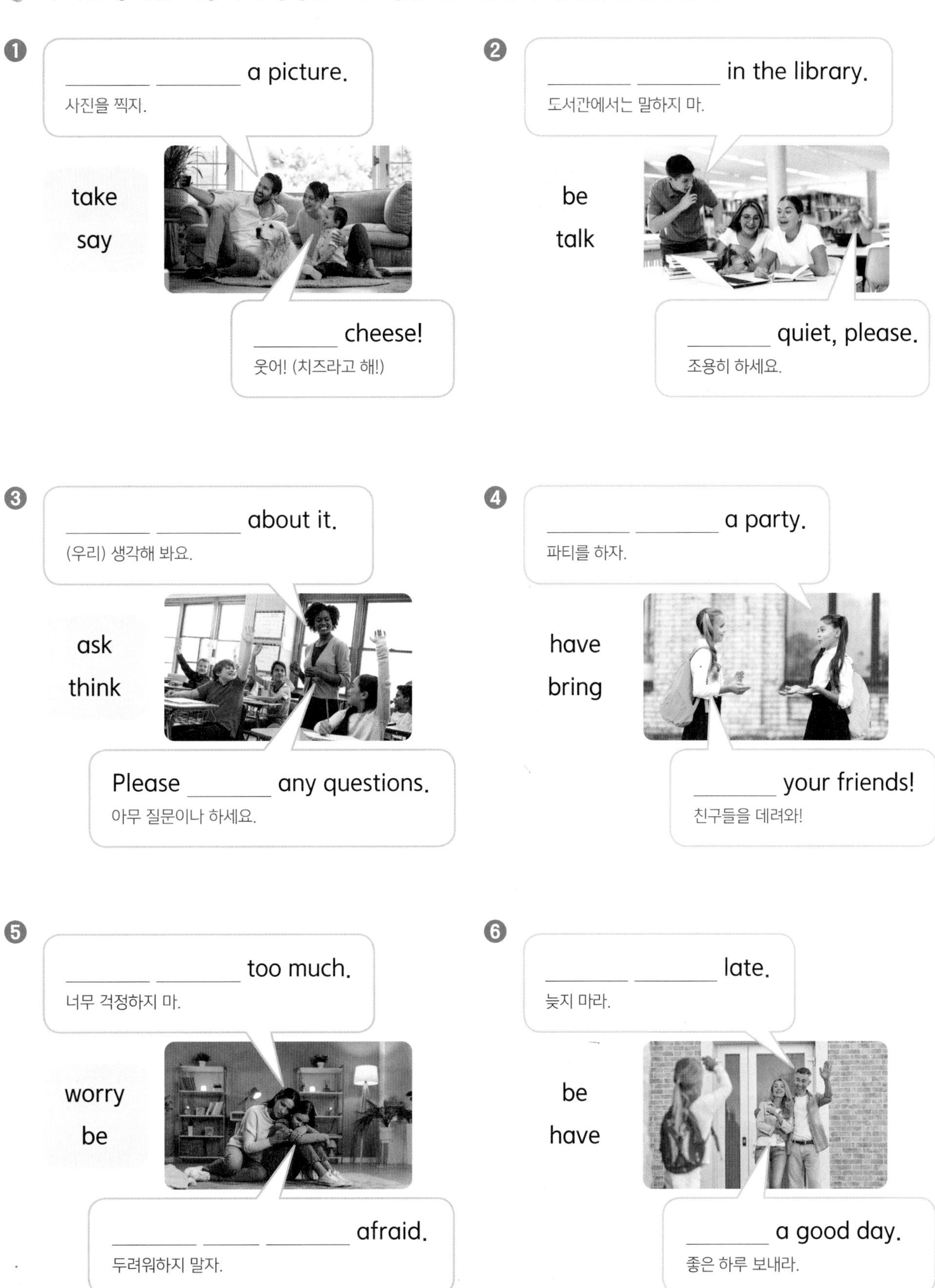

❶

take / say

_______ _______ a picture.
사진을 찍자.

_______ cheese!
웃어! (치즈라고 해!)

❷

be / talk

_______ _______ in the library.
도서관에서는 말하지 마.

_______ quiet, please.
조용히 하세요.

❸

ask / think

_______ _______ about it.
(우리) 생각해 봐요.

Please _______ any questions.
아무 질문이나 하세요.

❹

have / bring

_______ _______ a party.
파티를 하자.

_______ your friends!
친구들을 데려와!

❺

worry / be

_______ _______ too much.
너무 걱정하지 마.

_______ _______ _______ afraid.
두려워하지 말자.

❻

be / have

_______ _______ late.
늦지 마라.

_______ a good day.
좋은 하루 보내라.

Actual Test 06 UNITS 22-25

01 다음 중 의문사와 우리말 뜻이 잘못 짝지어진 것을 고르세요.

① Who – 누구를 ② What – 무슨
③ When – 어디서 ④ Why – 왜
⑤ How – 어떻게

[02-03] 대화의 빈칸에 들어갈 의문사를 고르세요.

02

A: ________ is the man?
B: He is my math teacher.

① When ② How ③ Who
④ What ⑤ Why

03

A: ________ is your birthday?
B: It's on May 20.

① Where ② When ③ What
④ How ⑤ Who

04 빈칸에 공통으로 들어갈 의문사를 고르세요.

• ________ time is it?
• ________ size do you wear?

① What ② How ③ Where
④ When ⑤ Why

05 빈칸에 들어갈 말로 알맞은 것을 고르세요.

Don't ________ late for school again.

① be ② is ③ am
④ are ⑤ do

[06-07] 대화의 빈칸에 들어갈 말로 알맞은 것을 고르세요.

06

A: ________ is she?
B: She is eleven years old.

① How tall ② How long
③ How old ④ How much
⑤ How often

07

A: The weather is nice. ________ go on a picnic.
B: That sounds good.

① Don't ② Let ③ Be
④ Let's ⑤ Do

08 다음 중 어법상 올바른 문장을 고르세요.

① Who do she like?
② How color do you like?
③ When does the concert starts?
④ How many books do you have?
⑤ Where does you live?

09 다음 중 대화가 어색한 것을 고르세요.

① A: What day is it today?
B: It's Friday.

② A: How long does it take?
B: It takes two hours.

③ A: When do you get up?
B: I get up at 7:30.

④ A: Why do you like her?
B: She is very kind.

⑤ A: When does his aunt live?
B: She lives in Ulsan.

10 밑줄 친 부분이 잘못된 것을 고르세요.

① Let's be friends. ② Let's not fight.
③ Hurry up, please. ④ Be quiet.
⑤ Don't does it again.

[11-12] 우리말을 영어로 바르게 옮긴 것을 고르세요.

11

너는 이것을 어떻게 하니?

① What do you do?
② How do you do this?
③ When do you do this?
④ How does you do this?
⑤ Where does you do this?

12

뭔가 좀 먹자.

① Be something.
② Eat something.
③ Don't eat anything.
④ Do eat something.
⑤ Let's eat something.

13 빈칸에 알맞은 말을 써 대화를 완성하세요.

A: ________ ________ do you work out?
B: Twice a week.

[14-15] 문장에서 틀린 부분을 찾아 바르게 고쳐 쓰세요.

14

Not open the door. 문을 열지 마라.

________ → ________

15

Let take a break. 좀 쉬자.

________ → ________

[16-17] 빈칸에 공통으로 들어갈 의문사를 쓰세요.

16

• ________ are these?
• ________ day is it today?
• ________ time is it now?

→ ________

17

• ________ is the weather?
• ________ much are these?
• ________ do you spell your name?

→ ________

[18-21] 밑줄 친 부분을 물어보는 의문사 의문문을 완성하세요.

18
A: ____________ ____________ the bathroom?
B: It is upstairs.

19
A: ____________ ____________ he ____________?
B: He learns English.

20
A: ____________ ____________ ____________ she?
B: She is twelve years old.

21
A: ____________ ____________ the class ____________?
B: It starts at nine.

[22-25] 문장에서 틀린 부분을 바르게 고쳐 문장을 다시 쓰세요.

22 Who are they meet? 그들은 어디에서 만나니?

→

23 How size you do want? 너는 어떤 치수를 원하니?

→

24 What fast does the bus comes? 그 버스는 얼마나 자주 오니?

→

25 Not use my computer. 내 컴퓨터를 쓰지 마라.

→

MEMO

우리 아이 중국어 첫걸음 맛있는스쿨의 쉽고, 재미있는 강의와 함께 시작하세요!

맛있는 스쿨
쉽GO! 신나GO!
재미있GO!
New 맛있는 어린이 중국어

- 유아부터 초등까지 맞춤형 강의
- 전 레벨 12개월 & 24개월 무한 수강
- 중국어 첫걸음부터 HSK 대비까지
- 하루 15분씩! 부담스럽지 않은 학습 분량
- 워크북 문제 풀이로 자기 주도 학습 완성
- 놀이, 챈트, 노래와 함께하는 재미있는 학습

맛있는 어린이 중국어 강의 수강 혜택

10% COUPON
신규 등록 시 **10% 할인**

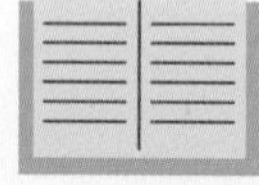
워크북 문제 풀이 강의 제공

확인 학습지 PDF 제공

화상 중국어 30분 체험 제공

발음 · HSK 강의 추가 제공

전문 강사의 **유선 학습 점검**

어린이 중국어 & 단과 인강 할인 쿠폰

20% 할인

할인 코드 engbasic20_1

할인 쿠폰 사용 안내

1. 맛있는스쿨(cyberjrc.com) 접속 → [회원가입] 및 [로그인]
2. 메뉴 中 [쿠폰] → [쿠폰 등록하기]란에 쿠폰번호 입력
3. [어린이 중국어] 단과 강의 또는 기타 [단과] 수강 시 [온라인 쿠폰 적용하기]를 클릭하여 쿠폰 사용
4. 결제 후, [나의 강의실]에서 강의 수강 가능

쿠폰 사용 시 유의 사항

1. 본 쿠폰은 맛있는스쿨 단과 강좌 결제 시에만 사용이 가능합니다.
2. 본 쿠폰은 타 쿠폰과 중복 할인이 되지 않습니다.
3. 교재 환불 시 쿠폰 사용이 불가합니다.
4. 쿠폰 발급 후 60일 내로 사용이 가능합니다.
5. 본 쿠폰의 할인 코드는 1회만 사용이 가능합니다.

*쿠폰 사용 문의 : 카카오톡 채널 @맛있는스쿨

중국어를 처음 접하는 어린이들의 눈높이에 꼭 맞춘
재미있고 알찬 어린이 중국어 교재

NEW 맛있는 어린이 중국어 0~6권

NEW 맛있는 어린이 중국어 0 첫걸음

0권

메인북 + 음원 QR코드 + 동영상 + 활동 자료 + 단어 카드 + 병음표

워크북 + 음원 QR코드(별매)

1~4권

메인북 + 스토리북 + 음원 QR코드 + 동영상 + 단어 카드

워크북 + 음원 QR코드(별매)

5~6권

메인북 + 스토리북 + 음원 QR코드 + 동영상

워크북 + 음원 QR코드(별매)

NEW 맛있는 어린이 중국어 1

NEW 맛있는 어린이 중국어 2

NEW 맛있는 어린이 중국어 3

NEW 맛있는 어린이 중국어 4

NEW 맛있는 어린이 중국어 5

NEW 맛있는 어린이 중국어 6

주선이 지음

Basic 1

WORKBOOK

맛있는 books

듣기, 읽기, 말하기, 쓰기 기초가 완성되는

Basic 1

주선이 지음

WORKBOOK

맛있는 books

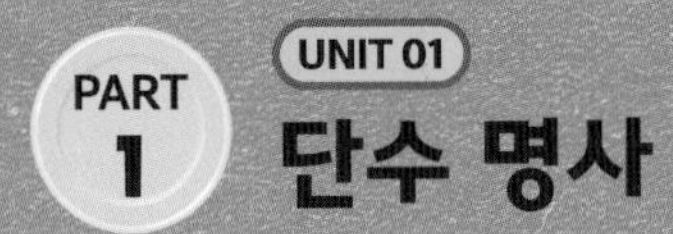

단수 명사

Preview

Words 다음 단어의 뜻을 확인하고, 세 번씩 따라 쓰세요.

	단어	의미	쓰기
1	actor	배우	
2	airport	공항	
3	artist	예술가, 화가	
4	building	건물	
5	cheese	치즈	
6	dancer	춤을 추는 사람, 무용수	
7	eagle	독수리	
8	octopus	문어	
9	onion	양파	
10	orange	오렌지; 주황색의	
11	plastic	플라스틱으로 된	
12	rabbit	토끼	
13	rich	부유한, 부자인	
14	salt	소금	
15	ugly	못생긴	

Review & Writing

Grammar & Words 다음 우리말을 영어로 쓰세요.

a/an + 단수 명사	a/an + 형용사 + 단수 명사
1 달걀 하나 → an ____ egg ____	5 초록색 사과 하나 → ____ green ____
2 문어 한 마리 → ____ ____	6 짧은 이메일 한 통 → ____ short ____
3 오리 한 마리 → ____ ____	7 귀여운 코끼리 한 마리 → ____ cute ____
4 예술가 한 명 → ____ ____	8 주황색 종 하나 → ____ orange ____

Grammar & Sentences a, an의 사용에 유의하여 우리말에 맞게 문장을 쓰세요.

		주어	+ be동사	+ 보어
1 나는 배우이다. (actor)	→	I	am	____.
2 그녀는 요리사이다. (cook)	→			
3 그는 춤을 잘 추는 사람이다. (good dancer)	→			
4 그것은 빨간색 우산이다. (umbrella)	→			

		주어	+ 동사	+ 목적어
5 나는 (하나의) 오렌지를 가지고 있다. (orange)	→	I	have	____.
6 그녀는 (한 마리의) 큰 개를 키운다. (big)	→			
7 나는 (한 마리의) 독수리를 본다. (see, eagle)	→			
8 그는 (한 대의) 낡은 차를 본다. (old)	→			

		There	+ be동사	+ 주어
9 (한 대의) 차가 있다. (car)	→	There	is	____.
10 (한 개의) 적양파가 있다. (red onion)	→			

PART 1

UNIT 02

복수 명사 1

Preview

Words 다음 단어의 뜻을 확인하고, 세 번씩 따라 쓰세요.

	단어	의미	쓰기
1	basket	바구니	
2	beautiful	아름다운	
3	brush	솔, 붓	
4	dish	접시	
5	eraser	지우개	
6	hamburger	햄버거	
7	hour	시간	
8	peach	복숭아	
9	pencil case	필통	
10	photo	사진	
11	sandwich	샌드위치	
12	scissors	가위	
13	tax	세금	
14	together	함께, 같이	
15	wooden	나무로 된	

Review & Writing

Grammar & Words 다음 우리말을 영어로 쓰세요.

명사 + -s	명사 + -es
1 두 시간 → two ______	5 토마토 두 개 → two ______
2 몇 주 → some ______	6 복숭아 몇 개 → some ______
3 소녀 몇 명 → some ______	7 여우 몇 마리 → some ______
4 펜 열 자루 → ten ______	8 많은 버스 → many ______

Grammar & Sentences 복수형에 유의하여 우리말에 맞게 문장을 쓰세요.

	주어	be동사	보어
1 그 해변들은 아름답다. (beach) →	The ______	are	beautiful.
2 그 복숭아들은 달콤하다. (peach, sweet) →			
3 그 양말들은 새것이다. (sock, new) →			
4 그 시계들은 나의 것이다. (watch, mine) →			

	주어	동사	목적어
5 나는 작은 접시들을 산다. (dish) →	I	buy	small ______.
6 그녀는 나무 숟가락들을 산다. (wooden spoon) →			
7 우리는 잔 몇 개를 사용한다. (use, glass) →			
8 그는 많은 컵을 본다. (see, cup) →			

	There	be동사	주어
9 몇 명의 친구들이 있다. (friend) →	There	are	some ______.
10 많은 상자가 있다. (box) →			

PART 1 UNIT 03

복수 명사 2

Preview

Words 다음 단어의 뜻을 확인하고, 세 번씩 따라 쓰세요.

	단어	의미	쓰기
1	afraid	두려워하는	
2	animal	동물	
3	brave	용감한	
4	city	도시	
5	deer	사슴	
6	foot	발	
7	gentleman	신사	
8	goose	거위	
9	party	파티	
10	person	사람	
11	pond	연못	
12	sharp	날카로운	
13	tooth	이, 이빨	
14	turn	~로 변하다, ~이 되다	
15	wet	젖은	

Review & Writing

Grammar & Words 다음 우리말을 영어로 쓰세요.

y → i + -es / f, fe → v + -es	불규칙하게 변하는 명사
1 이 두 아기들 → these two ____________	5 이 검은 양들 → these black ____________
2 그의 칼 두 개 → his two ____________	6 나의 젖은 발들 → my wet ____________
3 많은 늑대 → many ____________	7 많은 물고기 → many ____________
4 몇몇 큰 도시들 → some big ____________	8 몇몇 사람들 → some ____________

Grammar & Sentences 복수형에 유의하여 우리말에 맞게 문장을 쓰세요.

		주어	+ be동사	+ 보어
1 그 아기들은 귀엽다. (baby)	→	The ____________	are	cute.
2 그 여자들은 용감하다. (woman, brave)	→			
3 그 도시들은 크다. (city, big)	→			
4 나의 발들은 젖었다. (my foot, wet)	→			

		주어	+ 동사	+ 목적어
5 우리는 몇몇 아이들을 만난다. (child)	→	We	meet	some ____________.
6 그는 많은 사람을 만난다. (person)	→			
7 우리는 늑대를 몇 마리 잡는다. (catch, wolf)	→			
8 그는 많은 물고기를 잡는다. (fish)	→			

		Where	+ be동사	+ 주어
9 내 열쇠들은 어디에 있니? (key)	→	Where	are	my ____________?
10 그 거위들은 어디에 있니? (the goose)	→			

PART 1 UNIT 04

관사 a, an, the

Preview

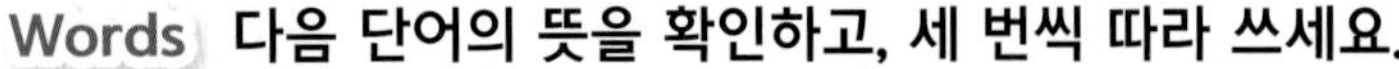

Words 다음 단어의 뜻을 확인하고, 세 번씩 따라 쓰세요.

	단어	의미	쓰기
1	breakfast	아침(밥), 아침 식사	
2	basketball	농구	
3	bright	밝은	
4	cello	첼로	
5	Earth	지구	
6	go around	돌다, 유행하다	
7	guitar	기타	
8	history	역사	
9	math	수학	
10	save	구하다	
11	science	과학	
12	set	(해·달이) 지다	
13	soccer	축구	
14	study	공부하다	
15	world	세계	

Review & Writing

Grammar & Words 다음 우리말을 영어로 쓰세요.

the + 세상에 단 하나뿐인 것 / play the + 악기	관사를 쓰지 않는 명사
1 세상에서 → in ______________	5 저녁 식사를 하다 → have ______________
2 달에 → on ______________	6 과학을 좋아하다 → like ______________
3 지구를 구하다 → save ______________	7 미술을 공부하다 → study ______________
4 피아노를 연주하다 → play ______________	8 야구를 하다 → play ______________

Grammar & Sentences 관사 사용에 유의하여 우리말에 맞게 문장을 쓰세요.

		주어	be동사	보어
1 세상은 넓다. (world)	→	______________	is	wide.
2 달이 밝다. (moon, bright)	→			
3 그 개는 귀엽다. (cute)	→			
4 그 우유는 신선하다. (fresh)	→			

		주어	동사	목적어
5 그들은 드럼을 연주한다. (drums)	→	They	play	______________.
6 그는 축구를 한다. (soccer)	→			
7 우리는 그 영화를 좋아한다. (film)	→			
8 그녀는 바다를 좋아한다. (sea)	→			
9 나는 영어를 공부한다. (study, English)	→			
10 Jane은 아침을 먹는다. (eat, breakfast)	→			

주격 인칭대명사

Preview

Words 다음 단어의 뜻을 확인하고, 세 번씩 따라 쓰세요.

	단어	의미	쓰기
1	abroad	해외에(서)	
2	engineer	기술자, 기사	
3	every day	매일	
4	handsome	잘생긴, 멋진	
5	jump rope	줄넘기하다	
6	movie	영화	
7	next door	옆집에	
8	piano	피아노	
9	pretty	예쁜	
10	run	달리다, 뛰다	
11	smart	영리한	
12	sport	스포츠, 운동	
13	twin	쌍둥이	
14	umbrella	우산	
15	younger	더 어린	

Review & Writing

Grammar & Words 다음 주어진 명사를 대신할 주격 인칭대명사를 쓰세요.

단수 주어 (he/she/it)	복수 주어 (you/we/they)
1 the boy → ______	5 you and I → ______
2 my sister → ______	6 you and Tom → ______
3 your brother → ______	7 Tom and Jack → ______
4 the book → ______	8 the dogs → ______

Grammar & Sentences 주격 인칭대명사에 유의하여 우리말에 맞게 문장을 쓰세요.

		주어	동사	목적어
1 그는 피아노를 연주한다.	→	______	plays	the piano.
2 그들은 축구를 한다. (play, soccer)	→			
3 나는 자전거를 한 대 가지고 있다. (bike)	→			

		주어	be동사	보어
4 당신은 영리하다.	→	______	are	smart.
5 나는 행복하다. (happy)	→			
6 그녀는 12살이다. (twelve years old)	→			

		주어	동사	수식어
7 우리는 매일 뛴다.	→	______	run	every day.
8 그것은 빨리 달린다. (fast)	→			
9 그들은 해외에 산다. (live, abroad)	→			
10 그녀는 옆집에 산다. (next door)	→			

PART 2 UNIT 06

목적격 인칭대명사

Preview

Words 다음 단어의 뜻을 확인하고, 세 번씩 따라 쓰세요.

	단어	의미	쓰기
1	air	공기	
2	a lot	많이	
3	backpack	배낭	
4	can	~할 수 있다	
5	cousin	사촌	
6	daughter	딸	
7	find	찾다	
8	hate	미워하다, 싫어하다	
9	miss	그리워하다	
10	neighbor	이웃	
11	often	자주, 종종	
12	tell	말하다	
13	terrible	끔찍한	
14	vest	조끼	
15	visit	방문하다	

Review & Writing

Grammar & Words 다음 우리말을 영어로 쓰세요.

동사 + 목적격 인칭대명사	
1 너를 미워하다 → hate ________	5 나를 보다 → see ________
2 그것을 싫어하다 → hate ________	6 그들을 보다 → see ________
3 그를 좋아하다 → like ________	7 나에게 말해주다 → tell ________
4 그녀를 좋아하다 → like ________	8 우리에게 말해주다 → tell ________

Grammar & Sentences 목적격 인칭대명사에 유의하여 우리말에 맞게 문장을 쓰세요.

		주어	동사	목적어
1 나는 너희들을 그리워한다.	→	I	miss	________.
2 그는 그녀를 그리워한다.	→			
3 그들은 우리를 필요로 한다. (need)	→			
4 그녀는 그것을 필요로 한다.	→			
5 나는 그를 돕는다. (help)	→			
6 그는 그들을 돕는다. (helps)	→			

		주어	동사	목적어
7 그는 나를 볼 수 있다.	→	He	can see	________.
8 너는 그것을 볼 수 있다.	→			
9 나는 당신의 말을 들을 수 있다. (hear)	→			
10 우리는 그것들을 만질 수 있다. (touch)	→			

PART 2 UNIT 07

소유격과 소유대명사

Preview

Words 다음 단어의 뜻을 확인하고, 세 번씩 따라 쓰세요.

	단어	의미	쓰기
1	bring	가져오다	
2	camera	카메라	
3	close	닫다	
4	cookie	쿠키	
5	fork	포크	
6	fur	털, 모피	
7	glasses	안경	
8	open	열다	
9	over there	저쪽에, 저기에	
10	pen	펜	
11	racket	(테니스 등의) 라켓	
12	take	가져가다	
13	timetable	시간표	
14	which	어느	
15	will	~할 것이다	

Review & Writing

Grammar & Words 다음 우리말을 영어로 쓰세요.

소유격 + 명사 → 소유대명사	소유격 + 명사 → 소유대명사
1 ________ room 나의 방 → ________ 나의 것	5 ________ glasses 그의 안경 → ________ 그의 것
2 ________ pen 너의 펜 → ________ 너의 것	6 ________ hands 너희들의 손 → ________ 너희들의 것
3 ________ bag 그녀의 가방 → ________ 그녀의 것	7 ________ shoes 너의 신발 → ________ 너의 것
4 ________ dog 우리의 개 → ________ 우리의 것	8 ________ books 그들의 책들 → ________ 그들의 것

Grammar & Sentences 소유격과 소유대명사에 유의하여 우리말에 맞게 문장을 쓰세요.

		주어	+ be동사	+ 보어
1 이 컵은 그녀의 것이다.	→	This cup	is	________.
2 저 라켓은 내 것이다. (that racket)	→			
3 그것은 그들의 것이다.	→			
4 그것들은 너희들의 것이다.	→			

		주어	+ be동사	+ 보어
5 우리 방은 아주 깨끗하다. (so clean)	→	________ room	is	________.
6 그들의 발은 아주 차갑다. (feet, so cold)	→			

		주어	+ 동사	+ 목적어
7 나는 그의 것을 가지고 올 것이다.	→	I	will bring	________.
8 나는 네 것을 가지고 갈 것이다. (will, take)	→			
9 그들은 그들의 책을 펼친다. (open, books)	→			
10 우리는 우리의 눈을 감는다. (close, eyes)	→			

PART 2

UNIT 08

지시대명사

Preview

Words 다음 단어의 뜻을 확인하고, 세 번씩 따라 쓰세요.

	단어	의미	쓰기
1	children	아이들 *cf.* child 아이	
2	color	색	
3	doll	인형	
4	donut	도넛	
5	flower	꽃	
6	gift	선물	
7	kangaroo	캥거루	
8	monkey	원숭이	
9	parent	부모 (아버지나 어머니 한 사람)	
10	shirt	셔츠	
11	shorts	반바지	
12	skirt	치마	
13	smell	냄새가 나다	
14	socks	양말	
15	want	원하다	

Review & Writing

Grammar & Words 다음 우리말을 영어로 쓰세요.

this/that + (단수 명사) + is	these/those + (복수 명사) + are
1 이것은 ~이다 → ________ is	5 이것들은 ~이다 → ________ are
2 저것은 ~이다 → ________ is	6 저것들은 ~이다 → ________ are
3 저 모자는 ~이다 → ______ hat ______	7 저 양말은 ~이다 → ______ socks ______
4 이 셔츠는 ~이다 → ______ shirt ______	8 이 아이들은 ~이다 → ______ children ______

Grammar & Sentences this, that, these, those 사용에 유의하여 우리말에 맞게 문장을 쓰세요.

		주어	be동사	보어
1 이것은 아주 좋다.	→	________	is	very nice.
2 이 사람은 내 사촌이다. (cousin)	→			
3 저것은 그의 펜이다. (pen)	→			
4 저것들은 내 신발이다. (shoes)	→			

		주어	동사	보어
5 이 꽃들은 좋은 냄새가 난다. (good)	→	______ flowers	smell	________.
6 저 과일들은 나쁜 냄새가 난다. (fruits, bad)	→			

		주어	동사	목적어
7 그들은 저 아이들을 좋아한다.	→	______	like	______ children.
8 그녀는 이 색깔을 좋아한다. (color)	→			
9 우리는 이것들을 살 수 있다. (can, buy)	→			
10 나는 저 도넛들을 살 수 있다. (donuts)	→			

PART 3 UNIT 09

be동사 am, are, is

Preview

Words 다음 단어의 뜻을 확인하고, 세 번씩 따라 쓰세요.

	단어	의미	쓰기
1	boring	지루한	
2	bus stop	버스 정류장	
3	carrot	당근	
4	clean	깨끗한	
5	dirty	더러운	
6	doctor	의사	
7	grammar	문법	
8	hard	어려운; 열심히	
9	hero	영웅	
10	ready	준비가 된	
11	sugar	설탕	
12	sweet	달콤한	
13	upstairs	위층에	
14	vegetable	채소	
15	window	창문	

Review & Writing

Grammar & Words 다음 우리말을 영어로 쓰세요. (축약형으로 쓰세요.)

주어 + be동사	
1 나는 ~(이)다 → ______	5 너희들은 (~에) 있다 → ______
2 너는 ~(이)다 → ______	6 그들은 (~에) 있다 → ______
3 우리는 ~(이)다 → ______	7 그는 (~에) 있다 → ______
4 그녀는 ~(이)다 → ______	8 그것은 (~에) 있다 → ______

Grammar & Sentences be동사에 유의하여 우리말에 맞게 문장을 쓰세요.

		주어	+ be동사 +	보어
1 창문은 열려 있다. (open)	→	The window	______	______.
2 나는 준비가 되었다. (ready)	→			
3 그녀는 배고프다. (hungry)	→			
4 문법은 재미있다. (grammar, fun)	→			
5 당근들은 야채들이다. (carrots, vegetables)	→			
6 Sue와 Mike는 그녀의 아이들이다. (children)	→			

		주어	+ be동사 +	수식어
7 그 버스 정류장은 저쪽에 있다. (over there)	→	The bus stop	______	______.
8 그 아이들은 집에 있다. (the children, at home)	→			
9 이 선생님은 위층에 있다. (Ms. Lee, upstairs)	→			
10 우리들은 학교에 있다. (at school)	→			

PART 3

UNIT 10

be동사 부정문

Preview

Words 다음 단어의 뜻을 확인하고, 세 번씩 따라 쓰세요.

	단어	의미	쓰기
1	awake	깨어 있는	
2	downstairs	아래층에	
3	expensive	비싼	
4	fool	바보	
5	Japan	일본	
6	leaf	(나뭇)잎	
7	loose	느슨한	
8	park	공원	
9	right	옳은, 오른쪽의	
10	scary	무서운	
11	short	짧은, 키가 작은	
12	snail	달팽이	
13	tight	꽉 조이는	
14	wrong	틀린	
15	yet	아직	

Review & Writing

Grammar & Words 다음 우리말을 영어로 쓰세요.

주어 + be동사 + not	
1 그들은 ~이 아니다 → ________ ________ not	5 너는 (~에) 없다 → ________ ________ ________
2 너희들은 ~이 아니다 → ________ ________ ________	6 나는 (~에) 없다 → ________ ________ ________
3 그는 ~이 아니다 → ________ ________ ________	7 우리는 (~에) 없다 → ________ ________ ________
4 그것은 ~이 아니다 → ________ ________ ________	8 그녀는 (~에) 없다 → ________ ________ ________

Grammar & Sentences be동사 부정문에 유의하여 우리말에 맞게 문장을 쓰세요.

		주어	+ be동사 +	보어
1 당신은 늦은 게 아니다. (late)	→	You	aren't	________.
2 나는 배고프지 않다. (hungry)	→			
3 David는 그의 형이 아니다. (brother)	→			
4 이것은 나의 가방이 아니다. (backpack)	→			
5 그 신발은 비싸지 않다. (the shoes, expensive)	→			

		주어	+ be동사 +	수식어
6 김 선생님은 아래층에 없다. (downstairs)	→	Mr. Kim	________	________.
7 우리는 침대에 누워 있지 않다. (in bed)	→			
8 공원은 저쪽에 없다. (the park, over there)	→			
9 네 친구들은 지금 여기에 없다. (here now)	→			
10 그 학생들은 학교에 없다. (at school)	→			

PART 3 UNIT 11

be동사 의문문

Preview

Words 다음 단어의 뜻을 확인하고, 세 번씩 따라 쓰세요.

	단어	의미	쓰기
1	America	미국	
2	American	미국인; 미국의	
3	at home	집에	
4	Batman	배트맨	
5	Canada	캐나다	
6	Canadian	캐나다인; 캐나다의	
7	comb	빗	
8	cute	귀여운	
9	fast	빠른; 빨리	
10	hungry	배고픈	
11	late	늦은; 늦게	
12	library	도서관	
13	okay	괜찮은; 네(= OK)	
14	player	선수, 참가자	
15	safe	안전한	

Review & Writing

Grammar & Words 다음 우리말을 영어로 쓰세요.

be동사 + 주어 ~?	
1 그들은 ~이니? → ________ ________ ~?	5 너는 (~에) 있니? → ________ ________ ~?
2 너희들은 ~이니? → ________ ________ ~?	6 나는 (~에) 있니? → ________ ________ ~?
3 그는 ~이니? → ________ ________ ~?	7 우리는 (~에) 있니? → ________ ________ ~?
4 그것은 ~이니? → ________ ________ ~?	8 그녀는 (~에) 있니? → ________ ________ ~?

Grammar & Sentences be동사 의문문에 유의하여 우리말에 맞게 문장을 쓰세요.

		be동사	+ 주어	+ 보어
1 그 소년은 12살이니? (twelve years old)	→	______	the boy	______________?
2 그 자전거는 비싸니? (expensive)	→			
3 그 선수들은 미국인이니? (players, American)	→			
4 그 배우가 배트맨이니? (actor, Batman)	→			
5 Alex와 Jake는 무서워하니? (afraid)	→			
6 나는 귀엽니? (cute)	→			

		be동사	+ 주어	+ 수식어
7 너는 거기 안에 있니?	→	______	__________	in there?
8 그들은 캐나다에서 왔니? (from Canada)	→			
9 너의 남동생은 도서관에 있니? (in the library)	→			
10 네 엄마는 집에 계시니? (at home)	→			

PART 3

UNIT 12

There is/are

Preview

Words 다음 단어의 뜻을 확인하고, 세 번씩 따라 쓰세요.

	단어	의미	쓰기
1	a lot of	많은	
2	bookstore	서점	
3	chance	기회	
4	cloud	구름	
5	full moon	보름달	
6	nearby	가까운 곳에, 인근에	
7	parking lot	주차장	
8	people	사람들 *cf.* person 사람	
9	problem	문제	
10	question	질문	
11	restaurant	식당, 레스토랑	
12	seesaw	시소	
13	sink	싱크대	
14	traffic jam	교통 체증	
15	way	길, 방법	

Review & Writing

Grammar & Words 다음 우리말을 영어로 쓰세요.

There is/are + 명사	There is/are + not + 명사
1 벌 한 마리가 있다. → ________ ______ a bee.	4 사람들이 많이 없다. → ________ ______ ______ many people.
2 꽃들이 몇 개 있다. → ________ ______ some flowers.	5 길이 없다. → ________ ______ ______ a way.
3 나무들이 많이 있다. → ________ ______ many trees.	6 개 두 마리가 없다. → ________ ______ ______ two dogs.

Grammar & Sentences There is/are 사용에 유의하여 우리말에 맞게 문장을 쓰세요.

	There	be동사	주어	수식어
1 오늘 보름달이 떠 있다.	→ ______	______	a full moon	today.
2 탁자에 책 두 권이 있다. (on the table)	→			
3 싱크대에 접시들이 있다. (dish, in the sink)	→			
4 하늘에 구름들이 있다. (cloud, in the sky)	→			

	There	be동사	주어
5 교통 체증이 없다. (a traffic jam)	→ ______	isn't	____________.
6 별들이 많이 없다. (a lot of stars)	→		
7 높은 건물이 없다. (a tall building)	→		

	be동사	there	주어
8 버스 정류장이 있니? (a bus stop)	→ ______	there	____________?
9 많은 사람이 있니? (many people)	→		
10 서점이 하나 있니? (a bookstore)	→		

PART 4 UNIT 13
일반동사 현재형

Preview

Words 다음 단어의 뜻을 확인하고, 세 번씩 따라 쓰세요.

	단어	의미	쓰기
1	carry	운반하다, 가지고 다니다	
2	drive	운전하다	
3	east	동쪽	
4	exercise	운동하다; 운동	
5	finish	끝내다	
6	fix	고치다	
7	headache	두통	
8	match	일치하다; 경기	
9	pass	통과하다, 지나가다	
10	ring	울리다; 반지	
11	rise	(해·달이) 뜨다	
12	send	보내다	
13	shine	빛나다	
14	taste	~한 맛이 나다	
15	wash	씻다	

Review & Writing

Grammar & Words 다음 우리말을 영어로 쓰세요.

I/You/We/They + 동사원형	He/She/It + 동사원형+-es
1 나는 먹는다 → I ______	5 그는 한다 → He ______
2 너는 수영한다 → You ______	6 그녀는 그리워한다 → She ______
3 우리는 마신다 → We ______	7 그녀는 간다 → She ______
4 그들은 일한다 → They ______	8 그것은 운다 → It ______

Grammar & Sentences 일반동사에 유의하여 우리말에 맞게 문장을 쓰세요.

		주어	+ 동사	+ 목적어
1 Mary는 그녀의 방을 청소한다. (clean)	→	Mary	______	her room.
2 Mike는 그의 개를 씻긴다. (wash)	→			
3 나는 이메일들을 보낸다. (send, emails)	→			
4 Robert는 두통이 있다. (a headache)	→			
5 그는 아침을 먹는다. (eat, breakfast)	→			

		주어	+ 동사	+ 수식어
6 그 새는 하늘 높이 난다. (fly)	→	The bird	______	high in the sky.
7 김 선생님은 운전해서 직장에 간다. (Mr. Kim, to work)	→			
8 그 학생은 시험 준비를 위해 공부한다. (for the test)	→			
9 그 아이들은 집에 머문다. (stay, at home)	→			
10 해는 6시에 진다. (set, at six)	→			

PART 4

UNIT 14

일반동사 부정문

Preview

Words 다음 단어의 뜻을 확인하고, 세 번씩 따라 쓰세요.

	단어	의미	쓰기
1	bark	짖다	
2	bathroom	욕실, 화장실	
3	best	최선, 최고; 최고의	
4	catch	잡다	
5	chess	체스	
6	drink	마시다	
7	far	멀리	
8	listen	듣다	
9	mouse	쥐	
10	on time	정각에	
11	secret	비밀	
12	teach	가르치다	
13	trust	신뢰하다	
14	waste	낭비하다	
15	wear	입다, 쓰다, 신다	

Review & Writing

Grammar & Words 다음 우리말을 영어로 쓰세요.

I/You/We/They + don't + 동사원형	He/She/It + doesn't + 동사원형
1 나는 가르치지 않는다 → I ________ ________	5 그는 씻지 않는다 → He ________ ________
2 너는 울지 않는다 → You ________ ________	6 그녀는 잡지 않는다 → She ________ ________
3 우리는 입지 않는다 → We ________ ________	7 그녀는 하지 않는다 → She ________ ________
4 그들은 가지 않는다 → They ________ ________	8 그것은 짖지 않는다 → It ________ ________

Grammar & Sentences 일반동사 부정문에 유의하여 우리말에 맞게 문장을 쓰세요.

		주어	동사	목적어
1 나는 안경을 쓰지 않는다. (wear)	→	________	don't ________	glasses.
2 그는 시간을 낭비하지 않는다. (waste, time)	→			
3 우리는 돈을 가지고 다니지 않는다. (carry, money)	→			
4 그들은 TV를 보지 않는다. (watch, TV)	→			

		주어	동사	보어
5 그 수프는 나쁜 냄새가 나지 않는다. (smell)	→	The soup	________	bad.
6 그 사과들은 맛이 좋지 않다. (taste, good)	→			
7 그는 피곤해 보이지 않는다. (look, tired)	→			

		주어	동사	수식어
8 오늘 물이 안 나온다. (come out)	→	Water	________	today.
9 그 버스는 정각에 오지 않는다. (come, on time)	→			
10 그 비행기는 밤에 날지 않는다. (plane, at night)	→			

PART 4 UNIT 15

일반동사 의문문

Preview

Words 다음 단어의 뜻을 확인하고, 세 번씩 따라 쓰세요.

	단어	의미	쓰기
1	advice	조언, 충고	
2	agree	동의하다	
3	bite	(이빨로) 물다	
4	enjoy	즐기다	
5	fit	맞다; 건강한	
6	French fries	감자튀김	
7	hairdresser	미용사	
8	hot dog	핫도그	
9	housework	집안일	
10	joke	농담; 농담하다	
11	laugh	(소리내어) 웃다	
12	pilot	조종사	
13	seem	보이다, ~인 것 같다	
14	spring	봄	
15	understand	이해하다	

Review & Writing

Grammar & Words 다음 우리말을 영어로 쓰세요.

Do + you/we/they + 동사원형 ~?	Does + he/she/it + 동사원형 ~?
1 너는 좋아하니? → ______ ______ ______ ~?	5 그는 하니? → ______ ______ ______ ~?
2 그들은 즐기니? → ______ ______ ______ ~?	6 그것은 잡니? → ______ ______ ______ ~?
3 우리는 필요로 하니? → ______ ______ ______ ~?	7 그녀는 일하니? → ______ ______ ______ ~?
4 그들은 동의하니? → ______ ______ ______ ~?	8 그는 걸어가니? → ______ ______ ______ ~?

Grammar & Sentences 일반동사 의문문에 유의하여 우리말에 맞게 문장을 쓰세요.

	Do/Does	+ 주어	+ 동사	+ 보어
1 내 얼굴이 빨개지니? (turn)	→ ______	my face	______	red?
2 그 소녀는 슬퍼 보이니? (seem, sad)	→			
3 그 소년은 괜찮아 보이니? (look, okay)	→			

	Do/Does	+ 주어	+ 동사	+ 목적어
4 너는 농담을 하니? (tell)	→ ______	you	______	jokes?
5 Jenny는 아이디어를 가지고 있니? (an idea)	→			
6 그는 반바지를 입니? (wear, shorts)	→			
7 그녀는 충고가 필요하니? (advice)	→			

	Do/Does	+ 주어	+ 동사	+ 수식어
8 그들은 잘 이해하니? (understand)	→ ______	they	______	well?
9 그 소년은 많이 웃니? (laugh, a lot)	→			
10 그 기차는 9시에 떠나니? (leave, at nine)	→			

UNIT 16

be동사와 일반동사

Preview

Words 다음 단어의 뜻을 확인하고, 세 번씩 따라 쓰세요.

	단어	의미	쓰기
1	around	주위에	
2	early	일찍; 이른	
3	easy	쉬운	
4	excited	신이 난	
5	field	들판	
6	freeze	얼다, 얼리다	
7	guest	손님	
8	homework	숙제	
9	insect	곤충	
10	leave	떠나다	
11	others	다른 사람들	
12	spider	거미	
13	tail	꼬리	
14	tired	피곤한	
15	wag	(꼬리를) 흔들다	

Review & Writing

Grammar & Words 다음 우리말을 영어로 쓰세요.

be동사	일반동사
1 나는 ~이다 → ________	5 우리는 한다 → ________
2 그들은 ~이 아니다 → ________	6 그녀는 먹지 않는다 → ________
3 그것은 ~에 없다 → ________	7 너희들은 필요로 하니? → ________ ~?
4 그녀는 ~이니? → ________ ~?	8 그는 잠을 자니? → ________ ~?

Grammar & Sentences be동사와 일반동사 사용에 유의하여 우리말에 맞게 문장을 쓰세요.

		주어	be동사/일반동사	보어
1 Susan은 신이 났다. (excited)	→	Susan	________	________.
2 Andy는 피곤해 보인다. (look, tired)	→			
3 거미는 곤충이 아니다. (a spider, insect)	→			
4 그것은 쉽지 않다. (easy)	→			
5 그녀는 허기를 느낀다. (feel, hungry)	→			

		주어	be동사/일반동사	수식어
6 다른 사람들은 위층에 머무른다. (stay)	→	The others	________	upstairs.
7 그 손님들은 아래층에 있다. (guests, downstairs)	→			
8 그녀는 여기에서 수영한다. (here)	→			
9 그는 일찍 일어나지 않는다. (get up, early)	→			
10 그들은 열심히 일하지 않는다. (work, hard)	→			

PART 5 UNIT 17

형용사

Preview

Words 다음 단어의 뜻을 확인하고, 세 번씩 따라 쓰세요.

	단어	의미	쓰기
1	awful	끔찍한	
2	comfortable	편안한	
3	famous	유명한	
4	fancy	화려한	
5	fee	수수료, 요금	
6	fresh	신선한	
7	friendly	다정한, 친절한	
8	meeting	회의	
9	monthly	매월의	
10	painting	그림	
11	round	둥근	
12	salty	짠	
13	silly	바보 같은, 어리석은	
14	soft	부드러운	
15	weekly	매주의, 주간의	

Review & Writing

Grammar & Words 다음 우리말을 영어로 쓰세요.

형용사 + 명사	be동사/감각 동사 + 형용사
1 검은 고양이 한 마리 → a ________ cat	5 피곤하다 → be ________
2 이 새 신발 → these ________ shoes	6 멋있게 보인다 → ________ nice
3 뜨거운 커피 → the ________ coffee	7 듣기 좋다 → ________ good
4 쉬운 퀴즈 하나 → an ________ quiz	8 좋은 냄새가 난다 → ________ good

Grammar & Sentences 형용사에 유의하여 우리말에 맞게 문장을 쓰세요.

		주어	+ be동사/감각 동사	+ 보어
1 Jason은 빠른 주자이다. (runner)	→	Jason	________	________.
2 그것은 둥근 탁자가 아니다. (round, table)	→			
3 그 우유는 신선한 맛이 난다. (fresh)	→			
4 너의 개는 귀여워 보인다. (cute)	→			
5 그것은 멋지게 들린다. (great)	→			
6 이것은 나쁜 냄새가 난다. (bad)	→			

		주어	+ 동사	+ 목적어
7 그는 그의 낡은 모자를 쓴다. (old, hat)	→	He	wears	his ________.
8 그녀는 이 화려한 드레스를 안 입는다. (fancy)	→			
9 나는 화창한 날을 좋아한다. (sun, days)	→			
10 그는 주간 회의가 있다. (week, meetings)	→			

PART 5 UNIT 18

수량형용사

Preview

Words 다음 단어의 뜻을 확인하고, 세 번씩 따라 쓰세요.

	단어	의미	쓰기
1	borrow	빌리다	
2	butter	버터	
3	candy	사탕	
4	church	교회	
5	cookie	쿠키	
6	fridge	냉장고 (= refrigerator)	
7	help	도움; 돕다	
8	pie	파이	
9	problem	문제	
10	question	질문	
11	snow	눈; 눈이 오다	
12	spoon	숟가락	
13	thank	감사하다	
14	too	너무 ~한	
15	word	단어	

Review & Writing

Grammar & Words 다음 우리말을 영어로 쓰세요.

many/some/any + 복수 명사	much/some/any + 셀 수 없는 명사
1 많은 친구들 → ______ friends	5 많은 시간 → ______ time
2 많은 문제들 → ______ problems	6 설탕 조금 → ______ sugar
3 토마토 몇 개 → ______ tomatoes	7 약간의 물 → ______ water
4 (부정문) 질문이 하나도 → ______ questions	8 (의문문) 약간의 숙제 → ______ homework

Grammar & Sentences 수량형용사 사용에 유의하여 우리말에 맞게 문장을 쓰세요.

		There	+	be동사	+	주어
1 많은 꽃이 있다. (flower)	→	There		______		many ______.
2 많은 치즈가 없다. (cheese)	→					
3 차가 하나도 없다. (car)	→					

		be동사	+	there	+	주어
4 눈이 많이 있니?	→	______		there		______ snow?
5 약간의 사람들이 있니? (people)	→					
6 물이 좀 있니? (water)	→					

		주어	+	동사	+	목적어
7 나는 우유가 좀 필요하다. (milk)	→	______		need		______.
8 그녀는 양파가 몇 개 필요하다. (onion)	→					
9 그는 돈이 하나도 필요하지 않다. (money)	→					
10 너는 어떤 도움도 필요하지 않다. (help)	→					

PART 5

UNIT 19

형용사의 비교급

Preview

Words 다음 단어의 뜻을 확인하고, 세 번씩 따라 쓰세요.

	단어	의미	쓰기
1	bad	나쁜, 불쾌한	
2	beautiful	아름다운	
3	careful	조심하는	
4	cheap	싼	
5	close	가까운	
6	difficult	어려운	
7	eyesight	시력	
8	funny	웃기는, 우스운	
9	interesting	재미있는	
10	large	(크기가) 큰	
11	loud	(소리가) 큰, 시끄러운	
12	snail	달팽이	
13	sound	~하게 들리다; 소리	
14	than	~보다	
15	turtle	거북	

Review & Writing

Grammar & Words 다음 우리말을 영어로 쓰세요.

형용사의 비교급 (원급 + -(e)r)	형용사의 비교급 (more + 원급 / 불규칙)
1 더 추운 → ______	5 더 어려운 → ______ ______
2 더 더운 → ______	6 더 아름다운 → ______ ______
3 더 안전한 → ______	7 더 나쁜 → ______
4 더 무거운 → ______	8 더 좋은 → ______

Grammar & Sentences 형용사의 비교급에 유의하여 우리말에 맞게 문장을 쓰세요.

		주어	be동사	보어
1 이것이 더 쉬운 방법이다. (easy)	→	______	______	an ______ way.
2 그의 이야기는 더 재미있다. (story, interesting)	→			
3 저것이 더 크다. (big)	→			

		주어	동사	목적어
4 그녀는 약간의 더 좋은 버터를 가지고 있다. (good)	→	______	______	some ______ butter.
5 그는 더 많은 책을 가지고 있다. (many)	→			

		주어	be동사	보어	수식어
6 어제보다 더 춥다. (cold)	→	It	is	______	than yesterday.
7 너는 나보다 더 멋지다. (nice)	→				
8 나는 너보다 더 빠르다. (fast)	→				
9 그의 손들이 네 것보다 더 크다. (big, yours)	→				
10 이것이 저것보다 더 무겁다. (heavy)	→				

UNIT 20

부사

Preview

Words 다음 단어의 뜻을 확인하고, 세 번씩 따라 쓰세요.

	단어	의미	쓰기
1	blow	(바람이) 불다	
2	climb	오르다	
3	forget	잊어버리다, 잊다	
4	gently	온화하게	
5	hardly	거의 ~않다	
6	kindly	친절하게	
7	lately	최근에	
8	loudly	크게	
9	low	낮은; 낮게	
10	practice	연습하다	
11	quietly	조용히	
12	really	정말로	
13	roar	으르렁거리다	
14	simply	단순하게	
15	worry	걱정하다	

Review & Writing

Grammar & Words 다음 우리말을 영어로 쓰세요.

동사 + 부사	부사 + 형용사/부사
1 행복하게 살다 → live ________	5 너무 많이 → too ________
2 노래를 잘 부르다 → sing ________	6 매우 열심히 → very ________
3 바쁘게 움직이다 → move ________	7 매우 쉬운 → ________ easy
4 쉽게 잊어버리다 → forget ________	8 정말로 피곤한 → ________ tired

Grammar & Sentences 부사에 유의하여 우리말에 맞게 문장을 쓰세요.

		주어	+ 동사	+ 수식어
1 바람이 온화하게 분다. (blow, gentle)	→	The wind	________	________.
2 달팽이는 천천히 이동한다. (a snail, slow)	→			
3 그 새들은 아름답게 노래한다. (beautiful)	→			
4 그는 급히 먹지 않는다. (eat, quick)	→			
5 나는 쉽게 잊지 않는다. (forget, easy)	→			
6 너는 친절하게 말한다. (speak, kind)	→			

		주어	+ 동사	+ 수식어
7 Sarah는 말을 너무 많이 한다. (much)	→	Sarah	talks	too ________.
8 Paul은 수영을 정말로 잘 한다. (really)	→			
9 Danny는 매우 열심히 공부한다. (hard)	→			
10 너희들은 너무 늦게 일어난다. (walk up, late)	→			

빈도부사

Preview

Words 다음 단어의 뜻을 확인하고, 세 번씩 따라 쓰세요.

	단어	의미	쓰기
1	always	항상, 언제나	
2	chore	일, 하기 싫은 일	
3	full	가득한	
4	hang out	놀다	
5	messy	지저분한	
6	mistake	실수	
7	neat	깔끔한, 정돈된	
8	often	종종, 자주	
9	shower	샤워; 샤워를 하다	
10	sometimes	가끔, 때때로	
11	spicy	매운	
12	stupid	바보 같은	
13	subway	지하철	
14	usually	보통, 대개	
15	weekend	주말	

Review & Writing

Grammar & Words 다음 우리말을 영어로 쓰세요.

be동사 + 빈도부사 + 형용사	빈도부사 + 일반동사
1 항상 행복하다 → be ________ happy	5 항상 먹는다 → ________ eat
2 보통 친절하다 → be ________ kind	6 자주 본다 → ________ see
3 때때로 만석이다 → be ________ full	7 가끔 논다 → ________ hang out
4 절대로 늦지 않는다 → be ________ late	8 결코 마시지 않는다 → ________ drink

Grammar & Sentences 빈도부사 사용에 유의하여 우리말에 맞게 문장을 쓰세요.

		주어	be동사	빈도부사	보어
1 그는 보통 친절하다.	→	____	____	____	kind.
2 당신은 항상 바쁘다. (busy)	→				
3 그녀는 가끔 바보스럽다. (stupid)	→				
4 그들은 절대로 늦지 않는다. (late)	→				

		주어	빈도부사	일반동사	목적어
5 그들은 때때로 실수를 한다. (mistakes)	→	____	____	make	____.
6 그녀는 우리를 종종 방문한다. (visit)	→				
7 그는 절대로 커피를 안 마신다. (drink, coffee)	→				

		주어	빈도부사	일반동사	수식어
8 당신은 언제나 일찍 일어난다. (get up)	→	You	____	____	early.
9 그는 자주 너무 많이 먹는다. (eat, too much)	→				
10 그는 대개 걸어서 출근한다. (walk, to work)	→				

PART 6

UNIT 22

의문사 의문문

Preview

Words 다음 단어의 뜻을 확인하고, 세 번씩 따라 쓰세요.

	단어	의미	쓰기
1	arrive	도착하다	
2	because	왜냐하면, ~ 때문에	
3	birthday	생일	
4	class	수업, 학급	
5	come from	~의 출신이다	
6	cozy	아늑한	
7	exam	시험	
8	flight	항공편, 비행	
9	kitchen	부엌, 주방	
10	mean	의미하다	
11	meet	만나다	
12	sign	몸짓, 신호	
13	victory	승리	
14	weather	날씨	
15	work	일하다, 작동하다	

Review & Writing

Grammar & Words 다음 우리말을 영어로 쓰세요.

의문사	
1 누구, 누가 → ________	5 어디서, 어디에 → ________
2 무엇, 무엇을 → ________	6 어떻게 → ________
3 누구를 → ________	7 왜 → ________
4 언제 → ________	8 어떤 → ________

Grammar & Sentences 의문사에 유의하여 우리말에 맞게 문장을 쓰세요.

		의문사	be동사	주어
1 너는 누구이니?	→	________	________	you?
2 너의 집은 어때? (house)	→			
3 네 시험은 언제 있니? (exam)	→			
4 그들은 어디에 있니?	→			

		의문사	be동사	주어	보어
5 Tom은 왜 슬프니?	→	________	________	________	sad?
6 그들은 왜 늦는 거니? (late)	→				

		의문사	do/does	주어	동사
7 그들은 어디서 만나니?	→	________	do	________	meet?
8 그것은 어떻게 작동하니? (work)	→				
9 그는 무엇을 하니? (do)	→				
10 그 수업은 언제 시작하니? (the class, start)	→				

Preview

Words 다음 단어의 뜻을 확인하고, 세 번씩 따라 쓰세요.

	단어	의미	쓰기
1	classmate	급우, 반 친구	
2	date	날짜	
3	favorite	매우 좋아하는	
4	K-drama	한국 드라마	
5	Korean	한국의; 한국 사람	
6	K-pop	케이팝, 한국 대중음악	
7	learn	배우다	
8	most	대부분, 가장	
9	phone	전화(기)	
10	programmer	프로그래머	
11	singer	가수	
12	size	크기, 사이즈	
13	spaghetti	스파게티	
14	thirty	30, 서른	
15	Wednesday	수요일	

Review & Writing

Grammar & Words 다음 우리말을 영어로 쓰세요.

의문사 (who, what)	what + 명사
1 그녀는 누구이니? → ________ ______ she?	5 몇 시 → ____________ time
2 저것들은 무엇이니? → ________ ______ those?	6 어떤 사이즈 → ____________ size
3 너는 누구를 좋아하니? → ________ ______ you like?	7 무슨 요일 → What ____________
4 그는 무엇을 보니? → ________ ______ he see?	8 무슨 색 → What ____________

Grammar & Sentences 의문사 who, what을 이용하여 우리말에 맞게 문장을 쓰세요.

		의문사	be동사	주어
1 나는 누구이니?	→	______	______	I?
2 이것들은 무엇이니? (these)	→			
3 저 사람들은 누구이니? (people)	→			

		의문사 + 명사	be동사	주어	수식어
4 지금 몇 시이니? (now)	→	______ time	______	it	______?
5 오늘 무슨 요일이니? (today)	→				

		의문사 + (명사)	do/does	주어	동사
6 그는 무엇을 배우니? (learn)	→	______	does	______	______?
7 그들은 누구를 만나니? (meet)	→				
8 너는 누구에게 물어보니? (ask)	→				
9 너는 어떤 사이즈를 원하니? (want)	→	______ size	______	______	______?
10 Ann은 무슨 색을 좋아하니? (color)	→				

UNIT 24

의문사 when, where, why, how

Preview

Words 다음 단어의 뜻을 확인하고, 세 번씩 따라 쓰세요.

단어		의미	쓰기
1	castle	성	
2	Christmas	크리스마스	
3	concert	콘서트, 연주회	
4	dollar	달러	
5	eat out	외식하다	
6	end	끝나다	
7	get back	돌아오다	
8	hurry	서두름; 서두르다	
9	minute	(시간 단위의) 분	
10	post office	우체국	
11	sale	세일, 할인 판매	
12	spell	철자를 말하다	
13	street	거리	
14	twice	두 번	
15	work out	운동하다	

Review & Writing

Grammar & Words 다음 우리말을 영어로 쓰세요.

how + 형용사/부사	
1 얼마나 많은 책 → ________ many books	5 나이가 얼마 → How ________
2 얼마나 많은 시간 → ________ much time	6 키가 얼마 → How ________
3 얼마나 빨리 → ________ fast	7 가격이 얼마 → How ________
4 얼마나 긴 → ________ long	8 얼마나 자주 → How ________

Grammar & Sentences when, where, why, how를 이용하여 우리말에 맞게 문장을 쓰세요.

		의문사	+ do/does	+ 주어	+ 동사
1 너는 어디서 사니? (live)	→	________	do	________	________?
2 그는 왜 소리치니? (shout)	→				
3 그 콘서트는 언제 시작하니? (the concert, start)	→				
4 이 이야기는 어떻게 끝나니? (story, end)	→				

		의문사 + 형용사	+ be동사	+ 주어
5 세일 기간이 얼마나 기니?	→	________ long	________	the sale?
6 그녀는 몇 살이니? (old)	→			
7 이것들은 가격이 얼마이니?	→			
8 그는 얼마나 키가 크니? (tall)	→			

		의문사 + 부사	+ do/does	+ 주어	+ 동사
9 버스는 얼마나 자주 오니? (come)	→	________ often	does	the bus	________?
10 이것은 얼마나 빨리 가니? (go)	→				

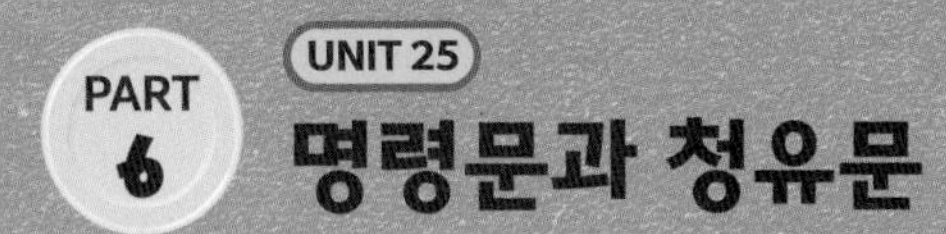

명령문과 청유문

Preview

Words 다음 단어의 뜻을 확인하고, 세 번씩 따라 쓰세요.

	단어	의미	쓰기
1	about	~에 대해서	
2	again	다시	
3	bring	가져오다, 데려오다	
4	fight	싸우다	
5	hurry up	서두르다	
6	mad	화가 난, 미친	
7	outside	밖에, 바깥에	
8	quickly	빨리, 빠르게	
9	quiet	조용한	
10	rude	무례한	
11	something	어떤 것, 무엇	
12	strong	강한	
13	take a break	쉬다	
14	think	생각하다	
15	wait	기다리다	

Review & Writing

Grammar & Words 다음 우리말을 영어로 쓰세요.

명령문	청유문
1 조용히 해라. → ______ quiet.	5 가자. → ______ go.
2 창문을 열어라. → ______ the window.	6 시작하자. → ______ start.
3 늦지 마라. → ______ late.	7 지각하지 말자. → ______ be late.
4 하지 마라. → ______ it.	8 싸우지 말자. → ______ fight.

Grammar & Sentences 명령문과 청유문에 유의하여 우리말에 맞게 문장을 쓰세요.

		(Don't) + be동사	+	보어
1 조심해. (careful)	→	Be		______.
2 조용히 해. (quiet)	→			
3 화내지 마라. (mad)	→			

		(Don't) + 동사	+	목적어
4 네 숙제를 해라. (homework)	→			
5 그녀에게 말하지 마라. (tell)	→			
6 내 컴퓨터를 쓰지 마라. (use, computer)	→			

		Let's (not) + be동사	+	보어
7 친구가 되자.	→	Let's be		______.
8 무례하지 말자. (rude)	→			

		Let's (not) + 동사	+	목적어
9 뭔가 좀 먹자. (something)	→			
10 그 버스를 타지 말자. (the take)	→			

정답

- 본책 정답
- WORKBOOK 정답

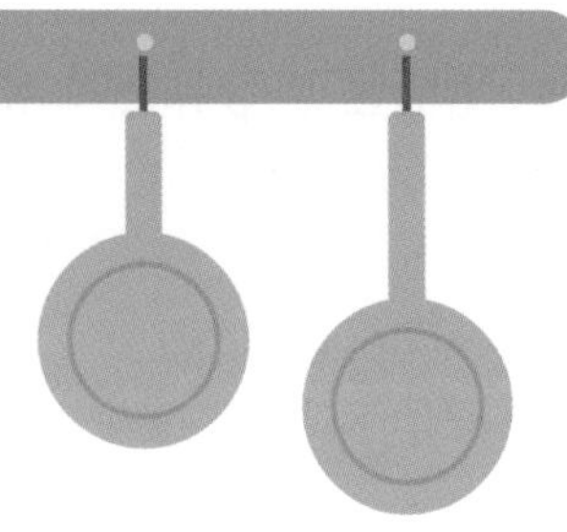

PART 1 명사와 관사

UNIT 01 단수 명사

Grammar Rules Check-Up p. 12

1 a 2 an 3 an
4 a 5 a 6 an

Grammar Practice p. 13

1 an 2 an 3 a
4 an, a 5 an, a 6 an, a
7 an, a 8 an, a 9 an, a
10 a, an 11 an, a 12 a, an
13 a 14 a 15 an

Grammar in Sentences p. 14

1 an 2 a 3 an
4 a 5 an 6 an
7 a 8 a

Grammar in Daily Life p. 15

1 a, a, an, a 2 a, an, a, an

해석

1 나는 과일 바구니가 있다. 그 안에는 바나나, 오렌지, 그리고 빨간색 사과가 있다.

2 내 남동생은 작은 책을 한 권 가지고 있다. 그는 그 책에서 코끼리, 토끼, 올빼미를 볼 수 있다.

1 an uncle, an actor 2 an aunt, a cook
3 a cute cat 4 an ugly dog
5 a tall building 6 an old house

해석

1 나는 삼촌이 있다. 그는 배우이다.
2 나는 이모(고모/숙모)가 있다. 그녀는 요리사이다.
3 나는 귀여운 고양이를 키운다.
4 나는 못생긴 개를 키운다.
5 나는 높은 건물이 보인다.
6 나는 낡은 집이 보인다.

UNIT 02 복수 명사 1

Grammar Rules Check-Up p. 16

1 eggs 2 foxes 3 watches
4 dishes 5 pianos 6 churches

Grammar Practice p. 17

1 trees 2 hours 3 pens
4 oranges 5 chairs 6 girls
7 tomatoes 8 buses 9 foxes
10 brushes 11 beaches 12 dresses
13 weeks 14 photos 15 sandwiches

Grammar in Sentences p. 18

1 beaches 2 watches 3 dishes
4 spoons 5 glasses 6 cups
7 friends 8 boxes

Grammar in Daily Life p. 19

1 book 2 notebooks
3 scissors 4 pencils 5 rulers

해석

이것은 내 책가방이다. 나는 책 한 권과 공책 두 권을 가지고 있다. 나는 또한 내 가방 안에 가위도 가지고 있다. 필통에는 연필 세 자루, 지우개 하나, 그리고 자 두 개가 있다.

1 sandwiches 2 hamburgers
3 peaches 4 oranges
5 potatoes 5 tomatoes

해석

1 너는 샌드위치를 좋아하니?
2 응, 그래. 하지만 햄버거는 좋아하지 않아.
3 너는 복숭아를 먹니?
4 물론이지. 하지만 나는 오렌지는 안 먹어.
5 감자 좀 먹을래?
6 아니, 고마워. 나는 토마토를 조금 먹을 거야.

UNIT 03 복수 명사 2

Grammar Rules Check-Up p. 20

1 fish 2 cities 3 feet
4 leaves 5 wolves 6 geese

Grammar Practice p. 21

1 men 2 parties 3 babies
4 days 5 ladies 6 cities
7 wolves 8 fish 9 people
10 sheep 11 knives 12 feet
13 children 14 teeth 15 mice

Grammar in Sentences p. 22

1 babies 2 women 3 feet
4 cities 5 children 6 people
7 keys 8 geese

Grammar in Daily Life p. 23

1 sheep 2 feet 3 fish 4 teeth

해석

우리는 농장에서 몇몇 동물들을 볼 수 있다. 양 몇 마리가 풀을 뜯고 있다. 토끼들은 네 발을 가지고 있고 빨리 뛸 수 있다. 연못에는 물고기가 몇 마리 있다. 우리는 또한 날카로운 이빨을 가진 고양이를 볼 수 있다.

1 wolves 2 deer
3 people 4 geese
5 feet 6 leaves

해석

1 저 늑대들을 좀 봐.
2 저기를 봐! 사슴 두 마리가 있어.
3 가서 보자. 사람들이 많이 있어.
4 어, 저 거위들 좀 봐.
5 이런! 내 발이 젖었어.
6 나뭇잎들이 빨갛고 노랗게 변했어.

UNIT 04 관사 a, an, the

Grammar Rules Check-Up p. 24

1 X 2 the 3 X
4 the 5 the 6 X

Grammar Practice p. 25

1 the 2 the 3 the
4 the 5 the 6 the
7 X 8 X 9 X
10 X 11 X 12 the
13 X 14 the 15 the
16 a, The

Grammar in Sentences p. 26

1 The 2 The 3 the
4 X 5 the 6 the
7 X 8 X

Grammar in Daily Life p. 27

1 math, music
2 the violin, the guitar
3 the window, the salt
4 the moon, the sky
5 lunch, baseball
6 the sun, science

해석

1 너는 수학을 좋아하니?
아니, 나는 음악을 좋아해.
2 너는 바이올린을 연주할 수 있니?
아니, 나는 기타를 연주할 수 있어.
3 창문을 좀 열어주세요.
알겠어요. 소금 좀 건네 주시겠어요?
4 달 좀 봐! 그것은 매우 밝아.
하늘 좀 봐! 그것은 매우 깨끗해.
5 너희들은 점심 식사 후에 무엇을 하니?
우리는 야구를 해.
6 지구는 태양 주위를 돌아.
너는 과학을 매우 잘 아는구나.

Actual Test 01 pp. 28~30

1 ③ 2 ⑤ 3 ④ 4 ② 5 ② 6 ① 7 ③
8 ② 9 ② 10 ③ 11 ② 12 ⑤ 13 ④
14 teeth 15 children 16 an 17 the
18 He is a good actor. 19 I buy some potatoes. 20 The cities are busy. 21 She plays the guitar. 22 He has a small book. 23 She uses many dishes. 24 Where are the geese? 25 The Earth goes around the sun.

[해설 및 해석]

5, 6 two, three 뒤에는 복수 명사를 쓴다.

7 ① the soccer → soccer ② an film → a[the] film
④ a music → music ⑤ an salt → the salt

8 특정하지 않은 단수 명사 bike 앞에는 a를 쓰고, 앞서 말한 자전거를 다시 말할 때는 the를 쓴다.

9 scissors는 항상 복수형으로 쓴다.

10 과목 이름 앞에는 관사를 쓰지 않는다.

11 ② a history → history

12 ② four foot → four feet

13 ① good dancer → a good dancer
② a oranges → an orange[oranges]
③ babys → babies
④ a breakfast → breakfast

14 이를 닦아라.

15 그는 많은 아이들을 만난다.

16 • 나는 배우이다.
• 그녀는 주황색 우산을 가지고 있다.

17 • 톰, 해는 동쪽에서 떠.
• 그녀는 방과 후에 첼로를 연주한다.

18 그는 훌륭한 배우이다.

19 나는 감자를 몇 개 산다.

20 그 도시들은 바쁘다.

21 그녀는 기타를 연주한다.

23 many 뒤에는 복수 명사를 쓴다.

25 Earth나 sun처럼 세상에 단 하나뿐인 것 앞에는 the를 쓴다.

PART 2 대명사

UNIT 05 주격 인칭대명사

Grammar Rules Check-Up p. 32

1 they 2 she 3 he
4 they 5 you 6 we

Grammar Practice p. 33

A
1 I 2 we 3 you
4 it 5 she 6 you
7 he 8 they

B
1 It 2 It 3 He
4 She 5 We 6 They
7 They 8 They 9 You

Grammar in Sentences p. 34

1 He 2 They 3 You
4 I 5 We 6 It
7 They 8 She

Grammar in Daily Life p. 35

A
1 I 2 He, He 3 She, She

해석

1 안녕, 여러분. 내 이름은 벤이야. 나는 10살이야.

2 이 아이는 제이크야. 그는 내 남동생이야. 그는 겨우 10개월이야.

3 이 사람은 나의 누나, 릴리야. 그녀는 열두 살이야. 그녀는 아주 똑똑해.

B
1 She, She, We 2 He, He, We

해석

1 앤과 나는 좋은 친구이다. 그녀는 옆집에 산다. 그녀는 예쁘고 착하다. 우리는 줄넘기 하는 것을 좋아한다.

2 잭과 나는 축구하기를 좋아한다. 그는 옆집에 산다. 그는 잘생기고 착하다. 우리는 좋은 친구이다.

UNIT 06 목적격 인칭대명사

Grammar Rules Check-Up p. 36

1 me 2 you 3 her
4 it 5 us 6 them

Grammar Practice p. 37

1 it 2 them 3 it
4 him 5 her 6 us
7 it 8 them 9 him

1 her 2 you 3 it
4 them 5 her 6 him

Grammar in Sentences p. 38

1 you 2 her 3 us
4 it 5 him 6 them
7 you 8 me

Grammar in Daily Life p. 39

1 us 2 They 3 them
4 it 5 me

해석

나는 좋은 이웃이 있다. 그들은 종종 우리를 방문한다. 그들은 매우 친절하다. 그들은 딸이 두 명이다. 나는 매일 그들과 함께 논다. 그 가족은 귀여운 강아지를 키운다. 나는 그것을 아주 좋아한다. 그것도 또한 나를 좋아한다.

1 him 2 me 3 it
4 them 5 them, It

해석

1 저 소년을 봐! 너는 그를 아니?
2 그럼, 그는 샘이야! 그는 종종 나를 방문해.
3 그는 멋진 조끼를 입었어. 너는 그것이 마음에 드니?
4 응. 그의 신발 좀 봐! 너는 그것들이 마음에 드니?
5 아니, 나는 그것들을 좋아하지 않아. 하지만 그의 배낭은 마음에 들어. 그것은 좋아 보여.

UNIT 07 소유격과 소유대명사

Grammar Rules Check-Up p. 40

1 mine 2 ours 3 yours
4 his 5 hers 6 theirs

Grammar Practice p. 41

1 my, mine 2 your, yours
3 his, his 4 her, hers
5 our, ours 6 their, theirs

1 mine 2 hers
3 his 4 my, mine
5 their, theirs 6 your, yours

Grammar in Sentences p. 42

1 hers 2 mine 3 Our
4 Their 5 his 6 yours
7 their 8 our

Grammar in Daily Life p. 43

1 my glass, Yours
2 your fork, Mine
3 His cap
4 Hers
5 their cookies, Ours
6 our sandwiches, Theirs
7 Its fur
8 Their fur

해석

1 이것은 나의 잔이다. 네 것은 저쪽에 있다.
2 저것은 너의 포크이다. 내 것은 여기 있다.
3 벤은 모자가 있다. 그의 모자는 빨간색이다.
4 샐리도 모자가 있다. 그녀의 것은 초록색이다.
5 이것들은 그들의 쿠키들이다. 우리의 것은 저쪽에 있다.
6 저것들은 우리의 샌드위치들이다. 그들의 것은 여기 있다.
7 그 개는 털이 있다. 그것의 털은 길고 검다.
8 그 고양들은 털이 있다. 그것들의 털은 짧고 희다.

UNIT 08 지시대명사

Grammar Rules Check-Up p. 44

1 this　2 those　3 these
4 these　5 those　6 that

Grammar Practice p. 45

1 is　2 are
3 These, my balls　4 That, a pen

1 These, are　2 Those, are
3 These, are　4 This, is
5 That, is　6 Those, are

Grammar in Sentences p. 46

1 This　2 This　3 These
4 That　5 those　6 this
7 those　8 these

Grammar in Daily Life p. 47

1 that, shirt
2 this, belt
3 those, shoes
4 these, socks
5 This, is, skirt, It
6 That, cap, It
7 Those, are, jeans, They
8 These, are, shorts, They

해석

1 나는 저 노란색 셔츠가 마음에 들어.
2 나는 이 갈색 벨트가 마음에 들어.
3 나는 저 신발을 원해.
4 나는 이 양말을 원해.
5 이것은 치마야. 그것은 예뻐.
6 저것은 모자야. 그것은 초록색이야.
7 저것들은 청바지야. 그것들은 멋져.
8 이것들은 반바지야. 그것들은 빨간색이야.

Actual Test 02 pp. 48~50

1 ⑤　2 ③　3 ④　4 ②　5 ③　6 ⑤　7 ⑤
8 ④　9 ②　10 ②　11 ⑤　12 ③　13 ④
14 ①　15 it, It　16 our　17 Yours
18 They will meet you.　19 This cup is hers.
20 Our room is so clean.　21 I can buy those donuts.　22 He is my grandfather.
23 We miss them.　24 Those are her scissors.
25 I like this brown belt.

[해설 및 해석]

1 ⑤ him – 그를
2 ③은 주격 – 소유대명사의 관계이고, 나머지는 주격 – 목적격의 관계이다.
3 ④는 주격(목적격) – 소유격의 관계이고, 나머지는 소유격 – 소유대명사의 관계이다.
6 ⑤ him → his
7 ⑤ my → me
10 ②는 It으로 나머지는 모두 He로 바꿔야 한다.
11 ⑤는 You로 나머지는 모두 They로 바꿔야 한다.
12 명사 앞에 오므로 소유격 인칭대명사 his가 와야 한다.
13 That은 하나의 대상을 가리키므로 is와 함께 쓴다.
14 a sister는 여자 한 명이고 주어 자리에 오므로 She를 쓰고, my shoes는 복수 명사로 목적어 자리에 오므로 them을 써야 한다.
16 명사 앞에 와서 소유관계를 나타내는 our를 써야 한다.
17 '~의 것'이라는 뜻의 소유대명사 Yours를 써야 한다.
18 그들은 너를[너희들을] 만날 것이다.
19 이 컵은 그녀의 것이다.
20 우리의 방은 너무 깨끗하다.
21 나는 저 도넛들을 살 수 있다.

PART 3 be동사 (현재시제)

UNIT 09 be동사 am, are, is

Grammar Rules Check-Up ____ p. 52

1 I 2 He 3 is 4 are

Grammar Practice ____ p. 53

1 am, I'm 2 are, We're
3 are, They're 4 is, It's
5 is, He's 6 are, You're

1 is 2 is 3 are
4 is 5 are 6 is
7 are 8 is 9 is
10 are

Grammar in Sentences ____ p. 54

1 am 2 is 3 is
4 are 5 are 6 is
7 is 8 are

Grammar in Daily Life ____ p. 55

1 am 2 are 3 is
4 is 5 are

해석
안녕. 나는 윤이야. 사진에 두 명의 아이가 있어.
그들은 나의 새로운 친구들이야. 남자아이는 알베르토야. 그는 이탈리아에서 왔어. 여자아이는 샐리야. 그녀는 캐나다에서 왔어. 우리는 좋은 친구야.

1 am, is 2 is, is 3 are, are
4 is, is 5 are, is 5 am, is

해석
1 나는 서울 출신이야. 서울은 큰 도시야.
2 그는 뉴욕 출신이야. 뉴욕도 커.
3 그 학생들은 착해. 그들은 지금 수업 중이야.
4 존스 씨는 일하고 있어. 그는 교사야.
5 네가 다음이야. 네 차례야.
6 다음은 나야. 이번에는 내 차례야.

UNIT 10 be동사 부정문

Grammar Rules Check-Up ____ p. 56

1 not 2 not, aren't
3 not, aren't 4 not, isn't

Grammar Practice ____ p. 57

1 are, not, aren't 2 is, not, isn't
3 am, not, not 4 are, not, aren't

1 are, aren't 2 is, isn't
3 is, isn't 4 are, aren't
5 is, isn't 6 is, isn't
7 is, isn't 8 are, aren't

Grammar in Sentences ____ p. 58

1 are, not, You aren't late.
2 is, not, This isn't my backpack.
3 are, not, The shoes aren't expensive.
4 is, not, David isn't his brother.
5 are, not, Your friends aren't here now.
6 is, not, Mr. Kim isn't downstairs.
7 is, not, The park isn't over there.
8 are, not, The students aren't at school.

Grammar in Daily Life ____ p. 59

1 aren't, dirty, clean 2 isn't, happy, angry
3 isn't, tall, short 4 isn't, short, long
5 aren't, loose, tight 6 isn't, old, young
7 isn't, right, wrong 8 aren't, low, high

해석
1 네 신발은 더럽지 않다. 그것들은 깨끗하다.
2 그 남자는 행복하지 않다. 그는 화가 났다.
3 샘은 키가 크지 않다. 그는 키가 작다.
4 그녀의 머리는 짧지 않다. 그것은 길다.
5 내 청바지는 헐렁하지 않다. 그것들은 꽉 낀다.

6 그 여자는 늙지 않았다. 그녀는 젊다.
7 네 대답은 맞지 않다. 그것은 틀렸다.
8 그 신발의 굽들은 낮지 않다. 그것들은 높다.

UNIT 11 be동사 의문문

Grammar Rules Check-Up p.60

1 Are, I　2 Is, he
3 Is, it　4 Are, they

Grammar Practice p.61

A 1 Are you　2 Is he
3 Is she　4 Am I
5 Are we　6 Are they

B 1 he, is　2 you, aren't
3 they, are　4 am, not
5 we, are　6 aren't
7 it, is　8 she, isn't

Grammar in Sentences p.62

1 Is　2 Is　3 Is
4 Are　5 Is　6 Am
7 Is　8 Are

Grammar in Daily Life p.63

1 Are these his scissors, ⓓ
2 Is this your comb, ⓐ
3 Is Jack at home, ⓑ
4 Is her sister sad, ⓒ
5 Are you from Canada, ⓕ
6 Are you and your family okay, ⓔ

해석
1 이것들은 그의 가위이니? 응, 맞아.
2 이것은 네 빗이니? 아니. 내 여동생 것이야.
3 잭이 집에 있니? 아니. 그는 학교에 있어.
4 그녀의 여동생은 슬프니? 아니. 그녀는 배가 고파.
5 당신은 캐나다에서 왔나요? 아니요. 저는 미국에서 왔어요.
6 당신과 당신의 가족은 괜찮나요? 네. 감사합니다.

UNIT 12 There is/are

Grammar Rules Check-Up p.64

1 is　2 are　3 aren't　4 Is

Grammar Practice p.65

A 1 is　2 two chairs　3 are
4 a fish　5 isn't　6 a dog
7 isn't　8 ten pages

B 1 Is, is　2 Is, there, is
3 Are, there, aren't　4 Are, there, aren't
5 Are, there, are　6 Is, there, isn't

Grammar in Sentences p.66

1 is　2 are　3 are
4 are　5 aren't　6 isn't
7 Is　8 Are

Grammar in Daily Life p.67

A 1 are, flowers, vase　2 is, cat, table
3 are, books, desk　4 are, children, seesaw
5 isn't, bench, park　6 aren't, fish, pond

해석
1 꽃병에 꽃이 몇 송이 있다.
2 테이블 아래에 고양이가 있다.
3 책상 위에 많은 책이 있다.
4 시소에 두 명의 아이가 있다.
5 공원에 벤치가 없다.
6 연못에 물고기가 많지 않다.

B 1 Are, there, there, are
2 Are, there, there, aren't
3 Is, there, there, isn't

해석
1 벽에 그림이 많이 있니? 응, 그래.
2 네 방에 책이 많이 있니? 아니, 그렇지 않아.
3 책상 위에 컴퓨터가 있니? 아니, 그렇지 않아.

Actual Test 03 pp. 68~70

1 ② 2 ⑤ 3 ③ 4 ② 5 ⑤ 6 ② 7 ②
8 ① 9 ⑤ 10 ③ 11 ④ 12 ④ 13 ②
14 There, is 15 Are, there 16 are 17 Is
18 am, I'm not[I am not] ready. 19 is, The movie isn't[is not] scary. 20 is, Is your dad at home? 21 are, Are there clouds in the sky?
22 Those pictures are hers. 23 Her hair isn't long. 24 Is your cat lazy? 25 There are two books on the table.

[해설 및 해석]

1 ② We - are
2 ⑤ Your sister - is
6 ②는 뒤에 형용사가 와서 '~(이)다'라는 의미이고, 나머지는 모두 장소를 나타내는 말이 와서 '~(에) 있다'라는 의미이다.
7 be동사의 부정문은 be동사 뒤에 not을 쓴다.
8 ① am not은 줄여서 쓰지 않으므로 I am not이나 I'm not으로 써야 한다.
9 ① is → are ② aren't → isn't ③ isn't → aren't ④ Are → Is
14 '(단수 명사)가 있다'라고 할 때 There is를 쓴다.
15 '(복수 명사)가 있니?'라고 물어볼 때 Are there를 쓴다.
16 • 너는 빠르다.
• 싱크대에 접시들이 있다.
• 그 책들은 내 것이 아니다.
17 • 저것은 네 우산이니?
• 정오에 버스가 있니?
• 네 엄마는 집에 계시니?
18 나는 준비가 되었다. → 나는 준비가 안 되었다.
19 그 영화는 무섭다. → 그 영화는 무섭지 않다.
20 아빠는 집에 계신다. → 아빠는 집에 계시니?
21 하늘에 구름들이 있다. → 하늘에 구름들이 있니?
22 that은 하나의 대상을, those는 여러 대상을 가리킬 때 쓴다.

PART 4 일반동사 (현재시제)

UNIT 13 일반동사 현재형

Grammar Rules Check-Up p. 72

1 wash 2 has 3 flies 4 does

Grammar Practice p. 73

1 works 2 lives 3 looks
4 washes 5 crosses 6 teaches

1 tastes 2 rings 3 cries
4 tries 5 finish 6 fixes
7 open 8 shines 9 sets
10 has

Grammar in Sentences p. 74

1 cleans 2 washes 3 send
4 has 5 flies 6 drives
7 studies 8 stay

Grammar in Daily Life p. 75

1 wakes up 2 brushes 3 does
4 eats 5 goes 6 has

해석

마이크는 하루 일과가 있다.
1 그는 7시 30분에 일어난다.
2 그는 7시 40분에 이를 닦는다.
3 그는 8시에 운동을 한다.
4 그는 8시 30분에 아침을 먹는다.
5 그는 9시에 학교에 간다.
6 그는 12시 30분에 점심을 먹는다.

1 has 2 gets 3 washes
4 eats 5 does 6 plays

해석

베티는 방과 후 일과가 있다. 그녀는 3시에 집에 도착한다. 그녀는 씻고 간식을 먹는다. 그녀는 4시에 숙제를 한다. 그 다음에, 그녀는 책을 읽거나 강아지와 함께 논다.

UNIT 14 일반동사 부정문

Grammar Rules Check-Up p. 76

1 do, don't
2 does, doesn't
3 do, don't
4 does, doesn't

Grammar Practice p. 77

A
1 don't
2 don't
3 don't
4 doesn't
5 doesn't
6 don't
7 don't
8 doesn't

B
1 do, not, like, don't, like
2 does, not, play, doesn't, play
3 do, not, trust, don't, trust
4 does, not, have, doesn't, have
5 do, not, drink, don't, drink
6 does, not, do, doesn't, do

Grammar in Sentences p. 78

1 don't, wear
2 doesn't, waste
3 don't, carry
4 doesn't, smell
5 don't, taste
6 doesn't, come out
7 doesn't, come
8 doesn't, fly

Grammar in Daily Life p. 79

1 stays, doesn't, go
2 listen, don't, watch
3 read, don't, do
4 smells, doesn't, taste
5 walks, doesn't, take
6 plays, doesn't, catch
7 has, doesn't, tell
8 flies, doesn't, swim

해석

1 내 여동생은 집에 있다. 그녀는 학교에 가지 않는다.
2 그들은 음악을 듣지만, TV는 보지 않는다.
3 나는 도서관에서 책을 읽는다. 나는 숙제를 하지 않는다.
4 그 수프 좋은 냄새가 나지만, 맛은 좋지 않다.
5 엄마는 걸어서 출근한다. 그녀는 버스를 타지 않는다.
6 그 고양이는 장난감 쥐를 가지고 놀지만, 쥐를 잡지 못한다.
7 데이비드는 비밀이 있다. 그는 우리에게 말하지 않는다.
8 독수리는 높이 날지만, 멀리 헤엄치지는 않는다.

UNIT 15 일반동사 의문문

Grammar Rules Check-Up p. 80

1 Does
2 Do
3 Do
4 don't
5 Does, does

Grammar Practice p. 81

A
1 Do you like
2 Do they enjoy
3 Does he walk
4 Does she need
5 Do we have time
6 Does it go back

B
1 they, do
2 you, don't
3 it, does
4 they, don't
5 they, do
6 it, doesn't
7 he, does
8 it, doesn't

Grammar in Sentences p. 82

1 Does, seem
2 Does, turn
3 Do, tell
4 Does, have
5 Does, wear
6 Does, leave
7 Does, laugh
8 Do, understand

Grammar in Daily Life p. 83

1 Does she teach at school, ⓒ
2 Does he fly a jet, ⓐ
3 Does the woman cut hair, ⓑ
4 Do you want a hot dog, ⓔ
5 Does Olivia like onion rings, ⓕ
6 Do your parents drink coffee, ⓓ

해석

1 그녀는 학교에서 가르친다.
→ 그녀는 학교에서 가르치나요? 아니요. 그녀는 요리사예요.
2 그는 제트기를 조종한다.

→ 그는 제트기를 조종하나요? 네. 그는 비행기 조종사예요.

3 그 여자는 머리를 자른다.
→ 그 여자는 머리를 자르나요? 네. 그녀는 미용사예요.

4 너는 핫도그를 원한다.
→ 핫도그 좀 먹을래요? 네. 감사합니다.

5 올리비아는 양파링을 좋아한다.
→ 올리비아는 양파링을 좋아하나요?
아니요. 그녀는 감자튀김을 좋아해요.

6 당신의 부모님은 커피를 마신다.
→ 당신의 부모님은 커피를 마시나요?
아니요. 그들은 차를 마셔요.

UNIT 16 be동사와 일반동사

Grammar Practice p. 85

1 have 2 are 3 is
4 feels 5 isn't 6 aren't
7 doesn't 8 don't

1 Are, am 2 Do, do
3 Does, does 4 Are, aren't
5 Is, isn't 6 Does, doesn't
7 Do, don't 8 Are, aren't

Grammar in Sentences p. 86

1 is 2 looks
3 are 4 stay
5 is, not 6 doesn't, get up
7 Is 8 Do

Grammar in Daily Life p. 87

1 B / ⓒ, turn red and yellow
2 A / ⓐ, is out in the sky
3 D / ⓔ, eat a lot of food
4 C / ⓓ, run around the field
5 E / ⓕ, freezes at 0℃
6 F / ⓑ, wags its tail

해석
1 나뭇잎들은 빨갛고 노랗게 변한다.
2 하늘에 달이 떠 있다.
3 코끼리는 음식을 많이 먹는다.
4 축구 선수들이 경기장을 뛰어다닌다.
5 물은 0℃에서 언다.
6 그 개가 꼬리를 흔든다.

Actual Test 04 pp. 88~90

1 ③ 2 ② 3 ③ 4 ② 5 ① 6 ① 7 ②
8 ② 9 ④ 10 ④ 11 ② 12 ① 13 ⑤
14 ② 15 doesn't do 16 Does she teach
17 Do, don't 18 Andy doesn't look tired.
19 The guests aren't downstairs. 20 Do you tell jokes? 21 Does the boy laugh a lot?
22 Mike washes his dog. 23 The bus doesn't come on time. 24 Does my face turn red?
25 Do they understand well?

[해설 및 해석]

1 ③ try - tries
2 ② have - has
3 주어가 I/You/We/They/복수 명사일 때 일반동사 현재형은 동사원형을 쓴다.
4 주어가 He일 때 일반동사 부정문은 doesn't 뒤에 동사원형을 쓴다.
5 주어가 1, 2인칭, 3인칭 복수 또는 복수 명사일 때 일반동사 의문문은 주어 앞에 Do를 쓴다.
7 ②는 주어가 복수 명사이므로 do not을 써 부정문을 만들고, 나머지는 주어가 모두 3인칭 단수 또는 단수 명사이므로 does not을 써 부정문을 만든다.
8 ②는 일반동사 의문문으로 Does를 써야 하고, 나머지는 모두 be동사 의문문으로 Is를 써야 한다.
12 ① eats → eat
13 ⑤ doesn't carry → don't carry
14 ② has → have, 일반동사 의문문을 만들 때 주어 뒤에는 동사원형이 와야 한다.
15 주어가 3인칭 단수 명사이므로 doesn't를 써 부정문을 만든다.
16 주어가 3인칭 단수일 때 Does를 써 의문문을 만든다.
18 앤디는 피곤해 보인다. → 앤디는 피곤해 보이지 않는다.

19 손님들은 아래층에 있다. → 손님들은 아래층에 없다.
20 너는 농담한다. → 너는 농담하니?
21 그 소년은 많이 웃는다. → 그 소년은 많이 웃니?
22 Mike는 3인칭 단수 명사 주어이므로 3인칭 단수형 동사를 써야 한다.

PART 5 형용사와 부사

UNIT 17 형용사

Grammar Practice p.93

1 small 2 bad
3 dirty 4 sad

1 my new bike 2 two tall trees
3 the hot coffee 4 an easy quiz
5 their good ideas 6 his blue cap

1 cloudy 2 sunny 3 friendly
4 salty 5 weekly 6 monthly

Grammar in Sentences p.94

1 a fast runner 2 a round table
3 his old hat 4 this fancy dress

5 tastes, fresh 6 looks, cute
7 sounds, great 8 smells, bad

Grammar in Daily Life p.95

1 dog, heavy, heavy, dog
2 chair, comfortable, comfortable, chair
3 castle, old, old, castle
4 painting, famous, famous, painting
5 flowers, beautiful, beautiful, flowers
6 books, difficult, difficult, books

해석
1 이 개는 무겁다. 이것은 무거운 개다.
2 이 의자는 편안하다. 이것은 편안한 의자이다.
3 저 성은 오래되었다. 저것은 오래된 성이다.
4 저 그림은 유명하다. 저것은 유명한 그림이다.
5 저 꽃들은 아름답다. 저것들은 아름다운 꽃이다.
6 이 책들은 어렵다. 이것들은 어려운 책이다.

UNIT 18 수량형용사

Grammar Rules Check-Up p.96

1 cookies 2 water 3 watches
4 children 5 much 6 many

Grammar Practice p.97

1 many 2 much
3 many 4 much
5 many 6 much
7 many 8 much

1 some 2 any
3 some 4 any
5 any 6 any
7 some 8 any

Grammar in Sentences p.98

1 much 2 many 3 much
4 any 5 some 6 some
7 any 8 any

Grammar in Daily Life p.99

1 any butter 2 some milk
3 any potatoes 4 some eggs
5 some cheese

해석
1 냉장고에 버터가 조금도 없다.
2 약간의 우유가 있다.
3 냉장고에 감자가 하나도 없다.
4 계란이 몇 개 있다.
5 냉장고에 치즈가 좀 있다.

1 some cookies 2 some pies

3 many children 4 any food
5 any time 6 much money

해석

1 쿠키 좀 드실래요?
2 아니, 괜찮아요. 파이가 좀 있어요.
3 파티에 많은 아이들이 있어요.
4 이런! 음식이 하나도 남지 않았어요.
5 저는 너무 바빠요. 저는 시간이 없어요.
6 저는 시간이 많아요. 저는 돈이 많이 없어요.

UNIT 19 형용사의 비교급

Grammar Practice p.101

1 younger 2 sadder
3 colder 4 closer
5 busier 6 bigger
7 worse 8 more difficult
9 more

1 louder 2 hotter
3 longer 4 larger
5 more difficult 6 more beautiful
7 heavier 8 better

Grammar in Sentences p.102

1 easier 2 more interesting
3 more 4 better
5 nicer 6 faster
7 bigger 8 colder

Grammar in Daily Life p.103

1 fast, faster, than
2 cheap, cheaper, than
3 rich, richer, than
4 slow, slower, than
5 funny, funnier, than
6 sad, sadder, than

해석

1 내 자전거는 빠르다. 그 차가 내 자전거보다 더 빠르다.
2 내 신발은 싸다. 네 부츠가 내 신발보다 더 싸다.
3 에이미는 부유하다. 잭은 에이미보다 더 부유하다.
4 거북은 느리다. 달팽이는 거북보다 더 느리다.
5 올리버는 웃긴다. 헨리가 올리버보다 더 웃긴다.
6 리사는 슬프다. 제임스는 리사보다 더 슬프다.

UNIT 20 부사

Grammar Practice p.105

1 carefully 2 kindly
3 quickly 4 well
5 late 6 high

1 happily, happy 2 busy, busily
3 really, real 4 many, much
5 gentle, gently 6 easy, easily

Grammar in Sentences p.106

1 beautifully 2 slowly
3 easily 4 quickly
5 much 6 well
7 late 8 hard

Grammar in Daily Life p.107

1 good 2 carefully
3 neatly 4 quickly

해석

우리는 착한 학생이다. 우리는 선생님의 말씀을 주의 깊게 듣는다. 우리는 단정하게 글자를 쓴다. 우리는 또한 빨리 배운다.

5 quietly 6 fast
7 loudly 8 well

해석

호랑이는 조용히 움직인다. 하지만 그것들은 빨리 달린다. 호랑이는 큰 소리로 포효한다. 그것들은 나무를 잘 탄다.

9 much 10 well
11 easily 12 hard

해석

나는 음악을 아주 좋아한다. 하지만 노래를 잘 부르지는 못한다. 나는 악보를 쉽게 읽을 수 있다. 나는 기타를 아주 열심히 연습한다.

UNIT 21 빈도부사

Grammar Rules Check-Up p.108

1 always 2 never 3 often
4 usually 5 is always 6 often goes

Grammar Practice p.109

1 am always 2 sometimes see
3 is often 4 usually cooks
5 are never 6 never eats

1 I am always cheerful.
2 We usually get up early.
3 They often read in bed.
4 She is often late for school.
5 He never drinks coffee.
6 They are sometimes tired.
7 He usually walks to work.
8 I often sing in the shower.

Grammar in Sentences p.110

1 always 2 sometimes
3 never 4 usually
5 often 6 sometimes
7 always 8 often

Grammar in Daily Life p.111

1 am never late
2 is sometimes messy
3 usually do chores
4 sometimes play games
5 always takes the subway
6 never gets angry

해석

1 학교에 지각한 적이 있니?
아니, 나는 절대 학교에 늦지 않아.
2 너의 방은 깔끔하고 깨끗하니?
아니, 그것은 가끔 지저분해.
3 너는 엄마를 도와주니?
물론이지, 나는 보통 주말에 집안일을 해.
4 너는 모바일 게임을 하니?
응, 우리는 가끔 방과 후에 게임을 해.
5 너의 아빠는 출근할 때 버스를 타니?
아니, 그는 항상 지하철을 타.
6 너의 어머니는 화를 내니?
아니, 그녀는 절대 나에게 화를 내지 않아.

Actual Test 05 pp.112~114

1 ⑤ 2 ③ 3 ④ 4 ⑤ 5 ② 6 ③ 7 ③
8 ② 9 ③ 10 ② 11 ⑤ 12 ④ 13 ⑤
14 ③ 15 am never 16 any 17 more
18 It isn't a round table. 19 It is colder than yesterday. 20 There is some cheese in the fridge. 21 He sometimes eats too much. 22 Danny studies very hard. 23 This milk tastes fresh. 24 They sometimes make mistakes. 25 His hands are bigger than yours.

[해설 및 해석]

1 ⑤ young – old[old – new]
2 ③은 형용사 – 부사의 관계이고, 나머지는 명사 – 형용사의 관계이다.
3 ④ fastly → fast
4 ⑤ hot → hotter
6 감각 동사 looks 뒤에는 형용사가 보어로 온다.
7 '~보다'라는 의미의 than 앞에는 비교급이 와야 한다.
8 형용사 easy와 부사 hard를 둘 다 꾸며 줄 수 있는 말은 very이다.
9 fast는 명사를 꾸며주는 형용사와 동사를 꾸며주는 부사의 형태가 서로 같다.
10 수량형용사 any는 부정문과 의문문에 쓴다.
11 ⑤ sometimes – 가끔, 때때로
12 빈도부사는 be동사 뒤에 와야 한다.
13 ⑤ heavyer → heavier
14 than 앞에는 비교급 taller가 와야 한다.

18 그것은 둥근 테이블이 아니다.
19 어제보다 춥다.
20 냉장고에 약간의 치즈가 있다.
21 그는 가끔 너무 많이 먹는다.
22 Danny는 3인칭 단수 명사 주어로 3인칭 단수형 동사가 와야 하고, 부사는 꾸며 주는 동사 뒤에 온다.
24 빈도부사는 일반동사 앞에 써야 한다.
25 big의 비교급은 bigger이다.

PART 6 여러 가지 문장

UNIT 22 의문사 의문문

Grammar Practice p.117

1 They are (at home).
2 She is (my friend).
3 The weather is (cold).
4 It starts (at 8:15).
5 He has (a dog).
6 People love (the singer).

1 Is dad, Where, is dad
2 Do you see, What, do you see
3 Are they, How, are they
4 Do we meet, When, do we meet
5 Is Tom, Why, is Tom sad
6 Do you go home, How, do you go home

Grammar in Sentences p.118

1 Who, are
2 Why, are
3 How, is
4 When, is
5 Where, do
6 How, does
7 What, does
8 When, does

Grammar in Daily Life p.119

1 Where are the children
2 What does this hand sign mean
3 Who is this
4 Where do they come from
5 When is his birthday
6 When does the flight arrive
7 How is her room
8 How does he look

해석
1 그 아이들은 어디에 있나요? 그들은 학교에 있어요.
2 이 손짓은 무슨 뜻인가요? 그것은 승리를 의미해요.
3 이 사람은 누구인가요? 그녀는 저의 이모예요.
4 그들은 어디에서 왔나요? 그들은 캐나다에서 왔어요.
5 그의 생일은 언제인가요? 5월 20일이에요.
6 그 비행기는 언제 도착하나요? 8시 15분에 도착해요.
7 그녀의 방은 어떤가요? 매우 아늑해요.
8 그는 어때 보이나요? 그는 매우 피곤해 보여요.

UNIT 23 의문사 who, what

Grammar Rules Check-Up p.120

1 who
2 what
3 what
4 what
5 day
6 time

Grammar Practice p.121

1 Who
2 What
3 Who
4 What
5 What
6 What
7 What
8 What

1 Is, Who, is
2 Does, know, What, does, know
3 Do, love, What, do, love
4 Does, help, Who, does, help

Grammar in Sentences p.122

1 Who, am
2 What, are
3 What, is
4 What, is
5 What, does
6 Who, do
7 What, do
8 What, does

Grammar in Daily Life p.123

1 Who is your best friend, ⓒ
2 What does she do, ⓐ
3 What color do you need, ⓑ
4 What is his favorite food, ⓕ
5 Who does Helen miss, ⓓ
6 What day is it today, ⓔ

해석
1 가장 친한 친구는 누구인가요? 제 가장 친한 친구는 마이크예요.
2 그녀는 직업이 무엇인가요? 그녀는 의사예요.
3 당신은 어떤 색이 필요한가요? 저는 보라색이 필요해요.
4 그가 가장 좋아하는 음식은 무엇인가요? 그는 스파게티를 아주 좋아해요.
5 헬렌은 누구를 그리워하나요? 그녀는 자기 가족을 그리워해요.
6 오늘은 무슨 요일인가요? 수요일이에요.

UNIT 24 의문사 when, where, why, how

Grammar Practice p.125

1 When 2 Where
3 How 4 Why
5 When 6 How
7 Why 8 How

1 Does, When, does, begin
2 Is, Where, is
3 Do, like, Why, do, like
4 Does, end, How, does, end

Grammar in Sentences p.126

1 Where, do 2 Why, does
3 When, does 4 How, do
5 How long, is 6 How old, is
7 How often, does 8 How fast, does

Grammar in Daily Life p.127

1 When does the class start today, ⓒ
2 Where is the post office, ⓑ
3 How is the weather today, ⓐ

해석
1 오늘 수업은 언제 시작하나요? 8시 30분에 시작해요.
2 우체국은 어디에 있나요? 길 아래에 있어요.
3 오늘 날씨는 어때요? 아주 추워요.

1 How, long 2 How, high
3 How, old 4 How, often
5 How, much 6 How, tall

해석
1 A: 대기 시간은 얼마나 되나요?
B: 10분 정도 걸려요.
2 A: 나무의 높이가 얼마나 되나요?
B: 높이가 10미터가 넘어요.
3 A: 저 성은 얼마나 오래되었나요?
B: 800년 되었어요.
4 A: 얼마나 자주 운동하세요?
B: 일주일에 두 번이요.
5 A: 그 신발은 얼마인가요?
B: 100달러입니다.
6 A: 제 키는 얼마인가요?
B: 키가 130cm예요.

UNIT 25 명령문과 청유문

Grammar Rules Check-Up p.128

1 Be 2 Let's not
3 Shout 4 Don't

Grammar Practice p.129

1 Be 2 Open 3 Don't
4 tell 5 wait 6 Let's not

1 Be quiet.
2 Don't be lazy.
3 Don't eat so quickly.
4 Go to bed early.

1 Let's 2 Let's
3 Let's not 4 Let's

5 Let's not　　6 Let's

Grammar in Sentences p. 130

1 Be　　2 Don't, be
3 Do　　4 Don't, use

5 Let's, be　　6 Let's, not, be
7 Let's, eat　　8 Let's, not, take

Grammar in Daily Life p. 131

1 Let's, take, Say
2 Don't, talk, Be
3 Let's, think, ask
4 Let's, have, Bring
5 Don't, worry, Let's, not, be
6 Don't, be, Have

Actual Test 06 pp. 132~134

1 ③　2 ③　3 ②　4 ①　5 ①　6 ③　7 ④　8 ④　9 ⑤　10 ⑤　11 ②　12 ⑤　13 How, often　14 Not → Don't　15 Let → Let's　16 What　17 How　18 Where, is　19 What, does, learn　20 How, old, is　21 When, does, start　22 Where do they meet?　23 What size do you want?　24 How often does the bus come?　25 Don't use my computer.

[해설 및 해석]

1 ③ When - 언제
2 사람에 대해 물어볼 때는 who를 쓴다.
3 시간이나 날짜 등을 물어볼 때는 when을 쓴다.
4 what 뒤에 time이 오면 시간을 물어보는 표현으로 '몇 시'라는 의미이고, size가 오면 크기를 물어보는 표현으로 '어떤 사이즈'라는 의미이다.
5 부정 명령문은 Don't 뒤에 동사원형을 써야 한다.
6 나이를 물어볼 때는 how 뒤에 old를 쓴다.
8 ① do → does ② How → What ③ starts → start ⑤ does → do
9 장소나 위치를 물어볼 때는 where을 쓴다.
10 부정 명령문은 Don't 뒤에 동사원형을 쓴다.
13 빈도를 물어볼 때는 how 뒤에 often을 쓴다.
16 • 이것들은 무엇인가요?
• 오늘은 무슨 요일인가요?
• 지금 몇 시인가요?
17 • 날씨가 어떤가요?
• 이것들은 얼마인가요?
• 당신 이름의 철자는 어떻게 쓰나요?
18 A: 화장실은 어디에 있나요?
B: 윗층에 있어요.
19 A: 그는 무엇을 배우나요?
B: 그는 영어를 배워요.
20 A: 그녀는 몇 살인가요?
B: 그녀는 열두 살이에요.
21 A: 수업은 언제 시작하나요?
B: 9시에 시작해요.
25 부정 명령문은 Not이 아니라 Don't로 시작해야 한다.

UNIT 01 단수 명사

Review & Writing p.3

Grammar & Words

1 an, egg	5 a, apple
2 an, octopus	6 a, email
3 a, duck	7 a, elephant
4 an, artist	8 an, bell

Grammar & Sentences

1 I am an actor.
2 She is a cook.
3 He is a good dancer.
4 It is a red umbrella.
5 I have an orange.
6 She has a big dog.
7 I see an eagle.
8 He sees an old car.
9 There is a car.
10 There is a red onion.

UNIT 02 복수 명사 1

Review & Writing p.5

Grammar & Words

1 hours	5 tomatoes
2 weeks	6 peaches
3 girls	7 foxes
4 pens	8 buses

Grammar & Sentences

1 The beaches are beautiful.
2 The peaches are sweet.
3 The socks are new.
4 The watches are mine.
5 I buy small dishes.
6 She buys wooden spoons.
7 We use some glasses.
8 He sees many cups.
9 There are some friends.
10 There are many boxes.

UNIT 03 복수 명사 2

Review & Writing p.7

Grammar & Words

1 babies	5 sheep
2 knives	6 feet
3 wolves	7 fish
4 cities	8 people

Grammar & Sentences

1 The babies are cute.
2 The women are brave.
3 The cities are big.
4 My feet are wet.
5 We meet some children.
6 He meets many people.
7 We catch some wolves.
8 He catches many fish.
9 Where are my keys?
10 Where are the geese?

UNIT 04 관사 a, an, the

Review & Writing p.9

Grammar & Words

1 the world	5 dinner
2 the moon	6 science
3 the Earth	7 art
4 the piano	8 baseball

Grammar & Sentences

1 The world is wide.
2 The moon is bright.
3 The dog is cute.
4 The milk is fresh.
5 They play the drums.
6 He plays soccer.
7 We like the film.
8 She likes the sea.
9 I study English.
10 Jane eats breakfast.

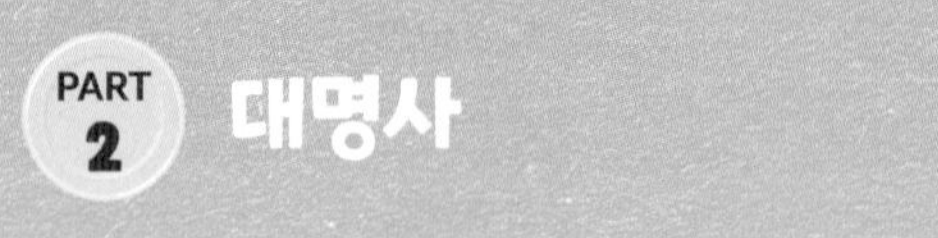

PART 2 대명사

UNIT 05 주격 인칭대명사

Review & Writing p. 11

Grammar & Words

1 he
2 she
3 he
4 it
5 we
6 you
7 they
8 they

Grammar & Sentences

1 He plays the piano.
2 They play soccer.
3 I have a bike.
4 You are smart.
5 I am happy.
6 She is twelve years old.
7 We run every day.
8 It runs fast.
9 They live abroad.
10 She lives next door.

UNIT 06 목적격 인칭대명사

Review & Writing p. 13

Grammar & Words

1 you
2 it
3 him
4 her
5 me
6 them
7 me
8 us

Grammar & Sentences

1 I miss you.
2 He misses her.
3 They need us.
4 She needs it.
5 I help him.
6 He helps them.
7 He can see me.
8 You can see it.
9 I can hear you.
10 We can touch it.

UNIT 07 소유격과 소유대명사

Review & Writing p. 15

Grammar & Words

1 my, mine
2 your, yours
3 her, hers
4 our, ours
5 his, his
6 your, yours
7 your, yours
8 their, theirs

Grammar & Sentences

1 This cup is hers.
2 That racket is mine.
3 It is theirs.
4 They are yours.
5 Our room is so clean.
6 Their feet are so cold.

7 I will bring his.
8 I will take yours.
9 They open their books.
10 We close our eyes.

UNIT 08 지시대명사

Review & Writing p. 17

Grammar & Words

1 This	5 These
2 That	6 Those
3 That, is	7 Those, are
4 This, is	8 These, are

Grammar & Sentences

1 This is very nice.
2 This is my cousin.
3 That is his pen.
4 Those are my shoes.
5 These flowers smell good.
6 Those fruits smell bad.
7 They like those children.
8 She likes this color.
9 We can buy these.
10 I can buy those donuts.

UNIT 09 be동사 am, are, is

Review & Writing p. 19

Grammar & Words

1 I'm	5 You're
2 You're	6 They're
3 We're	7 He's
4 She's	8 It's

Grammar & Sentences

1 The window is open.
2 I am ready.
3 She is hungry.
4 Grammar is fun.
5 Carrots are vegetables.
6 Sue and Mike are her children.
7 The bus stop is over there.
8 The children are at home.
9 Ms. Lee is upstairs.
10 We are at school.

UNIT 10 be동사 부정문

Review & Writing p. 21

Grammar & Words

1 They, are	5 You, are, not
2 You, are, not	6 I, am, not
3 He, is, not	7 We, are, not
4 It, is, not	8 She, is, not

Grammar & Sentences

1 You aren't late.
2 I am not hungry.
3 David isn't[is not] his brother.
4 This isn't[is not] my backpack.
5 The shoes aren't[are not] expensive.
6 Mr. Kim isn't[is not] downstairs.
7 We aren't[are not] in bed.
8 The park isn't[is not] over there.
9 Your friends aren't[are not] here now.
10 The students aren't[are not] at school.

UNIT 11 be동사 의문문

Review & Writing p. 23

Grammar & Words

1 Are, they
2 Are, you
3 Is, he
4 Is, it
5 Are, you
6 Am, I
7 Are, we
8 Is, she

Grammar & Sentences

1 Is the boy twelve years old?
2 Is the bike expensive?
3 Are the players American?
4 Is the actor Batman?
5 Are Alex and Jake afraid?
6 Am I cute?
7 Are you in there?
8 Are they from Canada?
9 Is your brother in the library?
10 Is your mom at home?

UNIT 12 There is/are

Review & Writing p. 25

Grammar & Words

1 There, is
2 There, are
3 There, are
4 There, are, not
5 There, is, not
6 There, are, not

Grammar & Sentences

1 There is a full moon today.
2 There are two books on the table.
3 There are dishes in the sink.
4 There are clouds in the sky.
5 There isn't a traffic jam.
6 There aren't a lot of stars.
7 There isn't a tall building.
8 Is there a bus stop?
9 Are there many people?
10 Is there a bookstore?

PART 4 일반동사 (현재시제)

UNIT 13 일반동사 현재형

Review & Writing p. 27

Grammar & Words

1 eat
2 swim
3 drink
4 work
5 does
6 misses
7 goes
8 cries

Grammar & Sentences

1 Mary cleans her room.
2 Mike washes his dog.
3 I send emails.
4 Robert has a headache.
5 He eats breakfast.
6 The bird flies high in the sky.
7 Mr. Kim drives to work.
8 The student studies for the test.
9 The children stay at home.
10 The sun sets at six.

UNIT 14 일반동사 부정문

Review & Writing p. 29

Grammar & Words

1 don't, teach
2 don't, cry
3 don't, wear
5 doesn't, wash
6 doesn't, catch
7 doesn't, do

4 don't, go
8 doesn't, bark

Grammar & Sentences

1 I don't wear glasses.
2 He doesn't waste time.
3 We don't carry money.
4 They don't watch TV.
5 The soup doesn't smell bad.
6 The apples don't taste good.
7 He doesn't look tired.
8 Water doesn't come out today.
9 The bus doesn't come on time.
10 The plane doesn't fly at night.

UNIT 15 일반동사 의문문

Review & Writing p. 31

Grammar & Words

1 Do, you, like
2 Do, they, enjoy
3 Do, we, need
4 Do, they, agree
5 Does, he, do
6 Does, it, catch
7 Does, she, work
8 Does, he, walk

Grammar & Sentences

1 Does my face turn red?
2 Does the girl seem sad?
3 Does the boy look okay?
4 Do you tell jokes?
5 Does Jenny have an idea?
6 Does he wear shorts?
7 Does she need advice?
8 Do they understand well?
9 Does the boy laugh a lot?
10 Does the train leave at nine?

UNIT 16 be동사와 일반동사

Review & Writing p. 33

Grammar & Words

1 I am
2 They aren't
3 It isn't[is not]
4 Is she
5 We do
6 She doesn't eat
7 Do you need
8 Does he sleep

Grammar & Sentences

1 Susan is excited.
2 Andy looks tired.
3 A spider isn't[is not] an insect.
4 It isn't[is not] easy.
5 She feels hungry.
6 The others stay upstairs.
7 The guests are downstairs.
8 She swims here.
9 He doesn't get up early.
10 They don't work hard.

PART 5 형용사와 부사

UNIT 17 형용사

Review & Writing p. 35

Grammar & Words

1 black
2 new
3 hot
4 easy
5 tired
6 look
7 sound
8 smell

Grammar & Sentences

1 Jason is a fast runner.

2 It isn't[is not] a round table.
3 The milk tastes fresh.
4 Your dog looks cute.
5 It sounds great.
6 This smells bad.
7 He wears his old hat.
8 She doesn't wear this fancy dress.
9 I like sunny days.
10 He has weekly meetings.

UNIT 18 수량형용사

Review & Writing p. 37

Grammar & Words

1 many
2 many
3 some
4 any
5 much
6 some
7 some
8 any

Grammar & Sentences

1 There are many flowers.
2 There isn't[is not] much cheese.
3 There aren't[are not] any cars.
4 Is there much snow?
5 Are there any people?
6 Is there any water?
7 I need some milk.
8 She needs some onions.
9 He doesn't need any money.
10 You don't need any help.

UNIT 19 형용사의 비교급

Review & Writing p. 39

Grammar & Words

1 colder
2 hotter
3 safter
4 heavier
5 more, difficult
6 more, beautiful
7 worse
8 better

Grammar & Sentences

1 This is an easier way.
2 His story is more interesting.
3 That is bigger.
4 She has some better butter.
5 He has more books.
6 It is colder than yesterday.
7 You are nicer than me.
8 I am faster than you.
9 His hands are bigger than yours.
10 This is heavier than that.

UNIT 20 부사

Review & Writing p. 41

Grammar & Words

1 happily
2 well
3 busily
4 easily
5 much
6 hard
7 very
8 really

Grammar & Sentences

1 The wind blows gently.
2 A snail moves slowly.
3 The birds sing beautifully.
4 He doesn't eat quickly.
5 I don't forget easily.
6 You speak kindly.
7 Sarah talks too much.
8 Paul swims really well.
9 Danny studies very hard.
10 You wake up too late.

UNIT 21 빈도부사

Review & Writing p. 43

Grammar & Words

1 always
2 usually
3 sometimes
4 never
5 always
6 often
7 sometimes
8 never

Grammar & Sentences

1 He is usually kind.
2 You are always busy.
3 She is sometimes stupid.
4 They are never late.
5 They sometimes make mistakes.
6 She often visits us.
7 He never drinks coffee.
8 You always get up early.
9 He often eats too much.
10 He usually walks to work.

PART 6 여러 가지 문장

UNIT 22 의문사 의문문

Review & Writing p. 45

Grammar & Words

1 who
2 what
3 who
4 when
5 where
6 how
7 why
8 how

Grammar & Sentences

1 Who are you?
2 How is your house?
3 When is your exam?
4 Where are they?
5 Why is Tom sad?
6 Why are they late?
7 Where do they meet?
8 How does it work?
9 What does he do?
10 When does the class start?

UNIT 23 의문사 who, what

Review & Writing p. 47

Grammar & Words

1 Who, is
2 What, are
3 Who, do
4 What, does
5 What
6 What
7 day
8 color

Grammar & Sentences

1 Who am I?
2 What are these?
3 Who are those people?
4 What time is it now?
5 What day is it today?
6 What does he learn?
7 Who do they meet?
8 Who do you ask?
9 What size do you want?
10 What color does Ann like?

UNIT 24 의문사 when, where, why, how

Review & Writing p. 49

Grammar & Words

1 How
2 How
3 How
5 old
6 tall
7 much

4 How
8 often

Grammar & Sentences

1 Where do you live?
2 Why does he shout?
3 When does the concert start?
4 How does this story end?
5 How long is the sale?
6 How old is she?
7 How much are these?
8 How tall is he?
9 How often does the bus come?
10 How fast does this go?

UNIT 25 명령문과 청유문

Review & Writing

p. 51

Grammar & Words

1 Be
2 Open
3 Don't be
4 Don't do
5 Let's
6 Let's
7 Let's not
8 Let's not

Grammar & Sentences

1 Be careful.
2 Be quiet.
3 Don't be mad.
4 Do your homework.
5 Don't tell her.
6 Don't use my computer.
7 Let's be friends.
8 Let's not be rude.
9 Let's eat something.
10 Let's not take the bus.

듣기, 읽기, 말하기, 쓰기 기초가 완성되는

맛있는 Everyday 초등 영문법

Basic 1

WORKBOOK

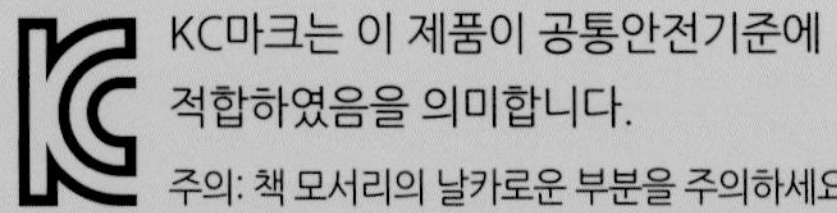

ISBN 979-11-6148-137-1
ISBN 979-11-6148-095-4 (세트)